W0089722

PUR

Solla Eiríksdóttir

PUR

Rezepte für den vegetarischen Lifestyle

Über dieses Buch

Es war ein friedlicher Herbsttag. Meine Tochter Hildur und ich saßen in unserem Garten, wuschen die frisch geernteten Karotten und Rote-Bete-Knollen, genossen die kühle Herbstluft und sprachen über einen Artikel, den wir beide vor Kurzem gelesen hatten. Es ging darin um außergewöhnlich gesunde Hundertjährige auf der ganzen Welt. Diese Menschen hatten einen Weg gefunden, mit der Umwelt, in der sie geboren worden waren, in Harmonie zu leben, indem sie den Traditionen ihrer Vorfahren folgten, und sie profitierten davon nun mit einem langen, gesunden, erfüllten Leben. Hildur und ich fanden das faszinierend und erkannten: Wir waren von Archetypen solcher langlebiger, gesunder Menschen großgezogen worden. Nicht an einem fernen, „aufregenden" Ort, sondern in Island, unserer Heimat. Meine Eltern (Hildurs Großeltern) bauen seit über 60 Jahren ihr eigenes Biogemüse an und leben dabei im Rhythmus der Jahreszeiten und der Natur. Das erinnerte uns daran, dass Weisheit oft gar nicht so weit weg ist: Sie kann sogar im eigenen Gemüsegarten zu Hause sein.

Unsere Großfamilie besteht nun aus drei Generationen, von denen jede ein Körnchen Salz zum Erfahrungsschatz beiträgt. Meine Passion ist die Rohkostküche, mit Einflüssen von Living Foods – nährstoffreicher, vitaler Nahrungsmittel –, Makrobiotik und traditioneller Fermentation. Hildur, studierte Ernährungswissenschaftlerin, ergänzt diese Mischung mit Begeisterung und Wissensdurst für neue Erkenntnisse. Gemeinsam fanden wir so den Weg zu einer gesunden, vegetarischen Lebensweise; selbst oder regional angebaute Biolebensmittel aus der ganzen Pflanze nutzen wir als Grundnahrungsmittel. Rohkost, kurz gegarte Dinge, fermentierte und lebendige Lebensmittel bereiten wir mit einer großen Portion Liebe zu. Das ist unser Grundrezept. In diesem Buch wollen wir unsere Leidenschaft für köstliches, nährstoffreiches Essen und unsere Faszination für den wunderbaren Jahreszeitenkreislauf mit Ihnen teilen. Sie finden hier gesunde Rezepte, die Sie von morgens bis abends gut durch den Tag bringen, sowie köstliche Süßspeisen. Dazu kommen spezielle saisonale Gerichte und Vorschläge für jahreszeitliche Aktivitäten, die uns mit dem Rhythmus des Lebens in Einklang bringen können. Wir hoffen, Sie damit, wo immer Sie leben, zu inspirieren. Finden Sie in unserer modernen Welt Ihren eigenen, einzigartigen Weg zu einem gesunden und erfüllten Leben.

Einleitung

Wie die Mutter, so die Tochter

Vor ein paar Jahren, als Hildur ihr erstes Kind bekam, wurden wir von Mutter und Tochter zu Großmutter und Mutter. Durch die Pflege unseres neuen Familienmitglieds verbrachten wir mehr Zeit miteinander. Diese vermehrte Familienzeit schaffte mehr Raum für Kochen, Gärtnern und das Erlernen neuer, inspirierender Dinge, wie Färben mit natürlichen Materialien und Upcycling. Zu unseren gemeinsamen Zielen unserer Leben gehört es, so viele Menschen wie möglich zu einer gesunden Lebensweise zu inspirieren. Dazu zählt nicht nur, mehr Gemüse und Rohkost zu essen, sondern auch freundlich miteinander und mit unserem Planeten umzugehen.

Solla

Als ich aufwuchs, war die Auswahl an Obst- und Gemüsesorten in Islands Geschäften dürftig und saisonabhängig. Historisch gesehen, waren Isländer nie große Gemüseesser, was vor allem an dem rauen Klima liegt. Außer Kartoffeln, Speiserüben, Grünkohl, Äpfeln und Orangen gab es kaum etwas Frisches. Übliche Mahlzeiten waren gekochter Fisch und Kartoffeln oder Fleischsuppe mit Speiserüben und Kartoffeln. Durch die Globalisierung während der letzten Jahrzehnte änderten sich die Kochgewohnheiten jedoch erheblich.

Bei uns daheim hielt man es mit der Ernährung etwas anders. Meine Eltern lebten schon immer in Reykjavík, begannen jedoch in einem Garten vor den Toren der Stadt Biogemüse zu kultivieren. Das machen sie bis heute, 60 Jahre später. Meine drei Brüder und ich waren es von klein auf gewöhnt, im Garten zu helfen, und genossen fast das ganze Jahr über verschiedenstes Gemüse. Ich denke gern an diese Zeit zurück und erinnere mich noch deutlich daran, wie ich eines Abends im Garten plötzlich Riesenhunger bekam. Ich bat meine Mutter um etwas zu essen, und sie schlug vor, dass ich mir etwas aus dem Garten aussuchen sollte. Ich zog einen ganzen Eimer kleiner, aber aromatischer Karotten aus der Erde und hatte im selben Moment ein Aha-Erlebnis: Ich wollte nur noch Lebensmittel direkt aus dem Boden essen. Das war natürlich nicht möglich, aber dieses Gefühl blieb mir, und frisch geerntetes Gemüse wird immer mein Lieblingsessen bleiben.

Im Sommer, Herbst und zu Beginn des Winters hatten wir immer reichlich frisches Gemüse, und meine Eltern entwickelten Techniken, es so zu lagern, dass die Ernte bis ins Frühjahr reichte. Sie waren Lehrer, und der Gemüseanbau war nicht unbedingt eine klassische Freizeitbeschäftigung. Zurückschauend waren sie wohl nicht die angepasstesten Typen. Meine Mutter hatte bereits im Alter von 13 Jahren beschlossen, Vegetarierin zu werden, was damals sehr unüblich war. Unsere Mahlzeiten waren jedoch nicht strikt fleischlos, da im Winter nur schwer ausreichend verschiedene Gemüsesorten erhältlich waren. Meist kochte mein Vater. Er hatte das von seiner Mutter gelernt, die in ihrer Jugend eine Zeit lang in der Adventistengemeinde Kopenhagens lebte und von deren Lebensweise und vegetarischer Ernährung beeinflusst war. Später erfuhr ich, dass sie auch von einem Buch inspiriert war, das sie in den 1950er-Jahren gelesen hatte: *The Miracle of Living Foods*, von Dr. Kristine Nolfi. Ich bin sehr dankbar für die Dinge, die ich von meinen Eltern lernen konnte, und knüpfe seither an dieses Wissen an.

Ich war erst 19, als Hildur auf die Welt kam, und ihre ersten Jahre lebten wir in Dänemark. Ich war zwar mit selbst gezogenem Gemüse und liebevollen Eltern, die nahrhaftes Essen kochten, aufgewachsen, musste aber nie in der Küche helfen und konnte daher überhaupt nicht kochen. Meine erste selbst gekochte Mahlzeit war eine Katastrophe: angebranntes Hackfleisch mit Remoulade und halbgaren Kartoffeln. Ich dachte mir, ich müsste einfach akzeptieren, dass meine Talente woanders lagen und dass wir eben mit meiner rudimentären Kochtechnik leben mussten. Mein Leben nahm eine Kehrtwende, als ich eines Tages zum Arzt ging. Ich litt seit meiner Kindheit an Allergien, die sich nun verschlimmert hatten. Daher wollte ich beim Experten herausfinden, ob ich mich dagegen spritzen lassen konnte. Hildur war drei Monate alt, also nahm ich sie mit. Als ich mit dem Arzt sprach, fing sie zu schreien an, und ich wollte sie zur Beruhigung stillen. Der Arzt teilte mir umgehend mit, dass ich nach den Spritzen damit ganz aufhören müsste. Das war ein ziemlicher Schock. Ich beschloss, vor der Behandlung noch einmal nachzudenken, und verließ die Praxis, um spazieren zu gehen. Ich war verzweifelt, weil ich das Stillen nicht aufgeben wollte, fühlte mich wegen der Allergien aber auch furchtbar. Derart hoffnungslos umherwandernd, kam ich zufällig an einem Bioladen in einem kleinen Souterrain vorbei. Ich ging hinein und traf dort auf einen Kräuterheilkundler, der mein Leben bald ganz verändern sollte. Ich teilte ihm meine Sorgen mit, und er sagte, dass er und seine Frau mir gern helfen wollten. Ich meldete mich zu einem Kochkurs an, und die beiden brachten mir kochen bei.

Ich strich Zucker und raffinierte Lebensmittel und lernte, „exotische" Zutaten einzusetzen. In den folgenden Jahren erlernte ich Yoga, makrobiotisches Kochen und Meditation. Zu dem Arzt ging ich nie wieder, da meine Allergien langsam besser wurden und schließlich komplett verschwanden. Eine wissenschaftliche Erklärung dafür habe ich zwar nicht, doch war das ein großer Wendepunkt – meine Sicht der Dinge hatte sich auf Lebenszeit geändert, und als Bonus hatte ich Kochen gelernt. Zurück in Island, lebten wir viele Jahre bei meinen Eltern, sodass Hildur ebenfalls mit der Biogartenarbeit meiner Eltern aufwuchs. Ich studierte bildende Kunst und Textilkunde, doch meine Passion für gesundes vegetarisches Essen war so groß geworden, dass ich Kochen zum Beruf machte. In den 1990er-Jahren eröffnete ich mein eigenes vegetarisches Restaurant, und 1996 hörte ich über einen Freund von Living

Foods in Rohkostqualität. Sofort fasziniert, besorgte ich mir ein Flugticket nach Puerto Rico, um in Ann Wigmores Institut mehr darüber zu erfahren. Dr. Wigmore (1909–1994) war eine litauisch-amerikanische Heilpraktikerin, Ernährungswissenschaftlerin, Vorreiterin der Vollwertkost und Autorin. Sie war auch eine Pionierin in der Verwendung von Weizengrassaft, Rohkost und Living Foods zum Entgiften und Heilen des Körpers. Ihr Konzept der Living Foods unterscheidet sich in mehrfacher Hinsicht von der heute aktuellen Rohkosternährung. Dr. Wigmores Fokus lag auf Methoden wie Einweichen, Keimen, Fermentieren und Pürieren, um Mahlzeiten sehr nährstoffreich und leicht verdaulich zu machen. Dies holt, laut Dr. Wigmore, Lebensmittel aus ihrem passiven Stadium oder Winterschlaf (Samen und Körner, die auf die richtigen Umweltbedingungen warten, um „aufzuwachen") und macht sie aktiv und vital. Sie belasten die Verdauung weniger, und die Nährstoffe werden schneller resorbiert. Ich nahm meine vierjährige, jüngere Tochter Júlía mit auf die Reise und lernte, Energiesuppe und Rejuvelac, Saatenmilch sowie Nusskäse herzustellen, Sprossen zu ziehen, Gemüse im Haus anzubauen und vieles mehr. Diese neuen Zubereitungsmethoden gefielen mir sehr, und viel von dem Wissen nahm ich mit zurück nach Island. Seither sind die Living-Foods-Techniken Teil meines festen Repertoires für köstliche Mahlzeiten und bringen Abwechslung in meine Küche.

Heute ist meine Kochweise von allem geprägt, was ich über die Jahre gelernt habe. Ich folge nicht strikt einer bestimmten Ernährungsphilosophie. Aber ich setze viel frisches Biogemüse sowie ökologisch erzeugte Nahrungsmittel ein und koche mit viel Liebe, meiner geheimen Zutat.

Hildur

Man zog mich vor allem mit pflanzlichen Lebensmitteln auf, obwohl mir nicht wirklich bewusst war, dass ich Vegetarierin war. Der Ausdruck war zu der Zeit nicht üblich. Erst später wurde mir klar, dass ich ein ganz anderes Verständnis von heimischer Küche hatte als viele meiner Landsleute. Natürlich wurde mir mehr und mehr bewusst, dass das Essen im Zuhause meiner Freunde sich von dem unterschied, was ich gewohnt war. Es dauerte jedoch lange, bis ich erkannte, dass wir in den Augen anderer etwas „speziell" waren. Zu der Zeit war Essen für mich vor allem ein Energielieferant, also dachte ich nicht weiter darüber nach, was genau ich aß. Meine Großeltern bauten Gemüse an, und Großmutter legte einen Großteil der Ernte für den Winter milchsauer ein. Daher gab es zu jedem Essen fermentierte Karotten und Rote Bete. Meine Mutter kochte immer sehr abenteuerlich, und von Zeit zu Zeit verwandelte sie die Küche in ein Treibhaus mit Weizengras und anderem Grünzeug. Es gab Einmachgläser voller Sprossen, Rejuvelac, halbfertigen Mandelkäse, Tofuherstellungsprojekte im Keller usw. Mein Mittagessen bestand meist aus Misosuppe mit Algen oder einer grünlila Energiesuppe, die meine Freunde, gelinde gesagt, fragwürdig fanden. In meinen Augen war ihr Essen aber mindestens genauso exotisch. Die Zeiten haben sich jedoch geändert, und heute findet die Ernährungsweise meiner Familie schon deutlich mehr Verständnis.

Für mich stand schon sehr früh fest, dass ich Musikerin werden wollte, und ich hatte das Glück, wegen meiner Musik als Teenager und junge Erwachsene sehr viel reisen zu können. Was mir an den Reisen mit am besten gefiel, war, vegetarisches Essen auszuprobieren und Literatur über Kochen und Essen zu entdecken. Meine freie Zeit verbrachte ich am liebsten in Buchläden, mit der Nase in Kochbüchern für ungewöhnliches vegetarisches Essen. Am allerliebsten schmökerte ich in Büchern über Tofu-Herstellung, über die Wunder der Fermentierung oder über den Anbau von „Superfoods" in der Küche. Auch das Färben von Stoffen mit Zutaten aus dem Garten und Bekleidungs-Upcycling fand ich in jener Zeit wahnsinnig spannend. Eines Tages wurde mir klar, dass jedes der merkwürdigen Bücher, die ich überall auf der Welt erstanden hatte, von etwas handelte, mit dem meine Mutter und Großmutter bereits experimentiert hatten, als ich aufwuchs. Das war für mich eine große Offenbarung. Das Wissen, was ich als aufregende Neuigkeiten von der anderen Seite des Globus mitgebracht zu haben glaubte, gab es die ganze Zeit schon in meinem eigenen Hinterhof. Zu der Zeit studierte ich bereits Ernährungswissenschaften und fand es bemerkenswert, wie genau die Lebensweise meiner Familie all den Expertenempfehlungen entsprach. Mein Interesse an meinen Ursprüngen und Familientraditionen kehrte zurück. Eifrig lernte ich so viel ich nur konnte von meinen Großeltern und meiner Mutter. Ich bat meinen Großvater, mir zu helfen, Kompost anzulegen. Ich bat meine Großmutter, mir zu zeigen, wie man Gemüse fermentiert, und mir in meinem Gemüsegarten zu helfen, und ich bat meine Mutter, mir beizubringen, aufregend vegetarisch zu kochen. Die Weisheit und Fertigkeiten, die sich über Generationen entwickelt haben, weckten in mir eine tiefe Faszination.

In den letzten zehn Jahren ist auch das allgemeine Interesse an traditionellen Küchenpraktiken extrem gewachsen. Selbst gezogenes Gemüse, Einlegen, Sauerteig und Hausmannskost im Allgemeinen werden in vielen Ländern immer beliebter. Und mein Gefühl sagt mir, dass unsere traditionellen Familienrezepte weltweit bei vielen Menschen auf Interesse stoßen.

Rohkostreiche Ernährung

Wenn man Lebensmittel aus eigenem oder regionalem, saisonalem Bioanbau wählt und roh verarbeitet, haben die Speisen, die daraus entstehen, den höchsten Nährstoffgehalt. Transport, Lagerung und Kochen fordern Opfer und verringern die Nährstoffdichte. Die meisten Lebensmittel enthalten natürlicherweise viele Ballaststoffe, Vitamine, Mineralstoffe, Antioxidantien, Phytonährstoffe und Enzyme. Manche dieser Komponenten sind hitzeempfindlich, und Kochen kann einen erheblichen Teil davon zerstören. Die meisten Enzyme denaturieren bei rund 48 °C. Viele Rohkost-Liebhaber bereiten daher den Großteil ihrer Mahlzeiten lieber bei geringerer Hitze zu. Fast alle Enzyme sind Proteine (Eiweißstoffe). Sie beschleunigen chemische Vorgänge im Körper, unter anderem die Verdauung. Die Rohkosttheorie besagt, dass Nahrung mit ausreichend Enzymen leichter verdaulich ist. Der Körper kann dann seine Energie und Kraft für Reparatur- und Heilprozesse verwenden, anstatt zu viel davon zum Verdauen zu verbrauchen.

Die Rohkostbewegung hat viele Anhänger. Manche verzichten ganz auf Essen, das über 48 °C erhitzt wurde, andere fühlen sich besser, wenn sie etwa 80 % roh und 20 % gegart essen. Eine Ernährung mit mehr als 50 % Rohkost gilt bereits als hoch rohkosthaltig. Vielen Menschen fällt es leichter, diese Form der Rohkosternährung zu leben, als wirklich zu 100 % roh zu essen.

Hildur und ich leben in Island, einer kalten Klimazone. Das macht es bisweilen schwer, 100 % roh zu essen. Wir hören auf unsere Körper und haben festgestellt, dass uns insbesondere im Winter eine hoch rohkosthaltige Diät am besten bekommt, wenn wir sie mit Living Foods für eine effiziente Verdauung und warm zubereiteten Speisen kombinieren. In der kalten Jahreszeit geben uns fermentierte Lebensmittel und Sprossen in Kombination mit gegarten und rohen Lebensmitteln großartige Energie. Im Sommer ist uns automatisch oft nach mehr Rohkost zumute. So profitieren wir von einem hohen Rohkostanteil, ohne gegartes Essen ganz zu streichen.

Bei Ernährungsumstellungen empfiehlt sich eine langsame Adaption, die es dem Körper (und Geist) erlaubt, sich in individuellem Tempo anzupassen. Jeder Mensch ist anders, und daher ist es wichtig, auf Körpersignale zu hören. Wir empfehlen, zunächst langsam den Anteil nährstoffreicher pflanzlicher Lebensmittel zu erhöhen. Nach kurzer Zeit wird nur noch wenig Raum für Lebensmittel sein, die das Wohlbefinden nicht steigern. Anstatt zu überlegen, was wir weglassen sollten, konzentrieren wir uns lieber darauf, vorteilhafte Dinge zu ergänzen. Bewährt hat sich, erst das Frühstück zu ändern und dann im eigenen Tempo tagsüber gesundes Essen zu ergänzen.

Bitte konsultieren Sie immer Ihren Arzt, wenn Sie Ihre Ernährung umstellen wollen, insbesondere, wenn Sie an Krankheiten leiden oder schwanger sind.

Pflanzenbasierte Vollwertkost

Der Verzehr von mehr pflanzlichen Lebensmitteln kann viele Gesundheitsvorteile mit sich bringen. Eine solche Kost ist reich an Gemüse, Obst, Bohnen, und Hülsenfrüchten und besonders nährstoffreich, weil sie viele Ballaststoffe, Vitamine, Mineralstoffe, Antioxidantien und Phytonährstoffe enthält. Die meisten Ernährungsexperten sind sich einig, dass der vermehrte Genuss pflanzlicher Lebensmittel für eine gesunde Lebensweise sehr wichtig ist. Auch für die Reduktion von Treibhausgasemissionen sind pflanzenbasierte Ernährungsformen wichtig, wie es auch in vielfacher Hinsicht umweltfreundlich ist, tierische Produkte zu reduzieren. Laut der UN-Welternährungsorganisation produziert die Fleischindustrie jährlich mehr Treibhausgase als das weltweite Transportwesen und verbraucht zu viel Wasser, um nachhaltig sein zu können. Der wachsende Verbrauch von Fleisch- und Milchprodukten ist daher für unseren Planeten ein großes Problem. Pflanzliche Ernährungsformen verbrauchen weniger Energie und Ressourcen und sind daher nachhaltiger. Nicht jeder möchte auf einen rein vegetarischen Lebensstil umsteigen, aber jede Anstrengung zählt, und wir können alle profitieren, wenn wir qualitativ hochwertigere, pflanzenbasierte Vollwertlebensmittel bevorzugen.

Unbekannte Produkte schüchtern viele Menschen ein. Eines unserer Ziele ist es daher, solche Zutaten zu entmystifizieren und möglichst vielen Menschen beizubringen, zu Hause mit Vollwertzutaten und mit schonenden Garmethoden köstlich und aromareich zu kochen. Achten Sie darauf, nicht mit mehr Hitze als nötig zu garen, verzichten Sie auf Frittieren, und erhitzen Sie Öle generell nicht zu stark (lieber erst nach dem Garen hochwertiges Öl ans Essen geben). Viele Nährstoffe sind hitzeempfindlich: Einige verschwinden durch zu starkes Erhitzen, andere, wie gute Öle, werden dadurch gesundheitsschädlich. Unter anderem deswegen ist eine hoch rohkosthaltige Ernährung mit

Living-Foods-Anteil (siehe Seite 13) so vorteilhaft. Das muss nicht kompliziert sein. Lassen Sie der Fantasie freien Lauf, schicken Sie Ihre Geschmacksknospen auf Abenteuerreise, und lassen Sie sich inspirieren.

Wenn wir uns die Zeit nehmen, Mahlzeiten frisch zuzubereiten, haben wir mehr Kontrolle darüber, welche Zutaten wir einsetzen, und können stark verarbeitete, raffinierte Lebensmittel vermeiden. Um gesund zu essen, benötigt man weit mehr als ein paar qualitativ hochwertige Lebensmittel und eine ausreichende Nährstoffzufuhr. Dazu gehört auch, den Moment und die Mahlzeiten zu genießen und mit den Menschen, die man liebt, und mit Freunden, die das Leben bereichern, Zeit zu verbringen. Sehr wichtig ist unsere Geisteshaltung. Wenn wir uns bemühen, unser Essen zu genießen und wahrzunehmen, sind wir danach viel zufriedener. Wichtig ist auch, auf die Signale des Körpers zu hören. Er ist sehr gut darin, Rückmeldung darüber zu geben, welches Essen und vor allem wie viel davon unser Wohlbefinden stärkt. Manchmal essen wir rein aus Gewohnheit und ohne Hunger Fast Food, Halbfertigprodukte oder Süßigkeiten. Wir können allerdings üben, besser wahrzunehmen, was unser Körper wirklich braucht, und spüren, ob wir tatsächlich hungrig oder satt sind. Dazu müssen wir uns nur ausreichend Zeit nehmen, unsere Mahlzeiten zu genießen und bewusst zu essen. Es hat sich bewährt, mit kleinen Schritten zu beginnen und sich auf die köstlichen, gesunden Dinge zu konzentrieren, mit denen der Speiseplan langsam erweitert werden kann, anstatt alles „Schlechte" auf einmal zu eliminieren. Beunruhigen Sie sich jedoch nicht, wenn Sie etwas essen, das Ihnen ein schlechtes Gewissen macht. Genießen Sie einfach den Moment. Seine Essgewohnheiten zu ändern ist nicht schwer, aber es dauert eben seine Zeit. Wichtig ist, dass Ausnahmen immer ein Genuss bleiben – es zählen die Dinge, die wir am häufigsten essen.

Eine ökologische Lebensweise

Wir empfinden es als richtig, bestmöglich und mit all unseren Kräften gut für Mutter Natur zu sorgen, sodass sie weiterhin für uns sorgen kann. Da wir mit Biogemüse als Grundnahrungsmitteln aufgewachsen sind, wissen wir, dass es möglich ist, Essen im Einklang mit der Umwelt zu erzeugen.

Die ökologische Landwirtschaft verzichtet auf künstlich hergestellte chemische Düngemittel und Pestizide, Hormone und Antibiotika. Fruchtfolge und Kompostierung sorgen für einen gesunden Erdboden als Grundlage gesunder Erträge. Ziel ist der Erhalt des ökologischen Gleichgewichts, größere Biodiversität und bessere Nachhaltigkeit.

Ökologische Anbaumethoden entstammen einer Zeit, in der wir noch nicht von chemischen Düngern und Pestiziden abhängig waren. Diese werden erst seit dem 20. Jahrhundert in derart großen Mengen eingesetzt. Der ökologische Landbau hingegen kann in gewisser Hinsicht als die traditionelle Methode angesehen werden, nicht andersherum. Wenn wir die Biolandwirtschaft unterstützen, können wir dazu beitragen, dass ökologische Lebensmittel wieder als traditionell und normal und nicht als Luxus wahrgenommen werden. Dies ist für unseren Planeten genauso wichtig wie für unsere Gesundheit und, am wichtigsten, für die Zukunft unserer Kinder und Enkel. Man kann heute noch nicht abschätzen, wie die langfristige Anhäufung von Pestizidrückständen auf uns wirken wird. Schon deshalb sind wir überzeugt, dass der Boden, das Wasser und das gesamte Ökosystem so natürlich und nachhaltig wie möglich behandelt werden sollten.

Durch den Eigenanbau von Lebensmitteln lernen wir, die Natur und ihre Geschenke anders wahrzunehmen. Wir fangen an zu verstehen, wie wertvoll guter Boden und wie kostbar jede einzelne Pflanze ist. Es schmerzt uns zu sehen, dass Essen weggeworfen wird. Lebensmittelreste sind wertvoll, weil sie sich in nährende Erde verwandeln lassen, die im Lebenskreislauf eine wichtige Position als Nährstoffspender innehat.

Durch kleine Veränderungen im Alltag kann jeder seinen Teil zum Umweltschutz beitragen. Großvater Eiríkur und Großmutter Hildur haben uns durch ihre wunderbare Lebensweise so viel über das Leben beigebracht – vor allem, sich um uns, um andere, um unsere Erde und auch um unseren materiellen Besitz zu kümmern. Wenn wir darauf achten, müssen wir nicht ständig Neues kaufen, sondern können Dinge mehrfach verwenden und upcyceln oder recyceln, wenn sie nicht wiederverwendbar sind. Man muss nicht perfekt sein, aber jede Geste zählt. Jeder kann kleine, richtige Schritte einleiten, doch die Veränderung beginnt immer in uns selbst.

Die Jahreszeiten

Die Jahreszeiten spielen im Leben eines jeden Isländers eine große Rolle. Die geografische Lage der Insel bringt es mit sich, dass alle Tage innerhalb eines Jahres in puncto Sonnenscheindauer und Länge verschieden sind. Am längsten Tag des Sommers, zur Zeit der Sonnenwende, geht die Sonne um drei Uhr morgens auf und um Mitternacht unter. Sie steht also 21 Stunden des Tages am Himmel. Während der kürzesten Wintertage scheint sie jedoch lediglich vier Stunden täglich. Um manche der schmalen Fjorde im Westen und Osten Islands herum sind die Berge so hoch, dass die Sonne wochen- und monatelang nicht darübersteigt. Die Bewohner dieser Orte feiern den Tag, an dem sie endlich wieder erscheint, traditionell alle zusammen mit Sólarkaffi (Sonnenscheinkaffee) und Pfannkuchen.

Diese Extreme und die ganze Bandbreite dazwischen bringen unsere Aktivitäten, Traditionen und selbst unsere Stimmungen in eine enge Beziehung mit den Jahreszeiten. Daher haben wir die Rezeptkapitel dieses Buchs, die vom Frühstück bis zum Abendessen durch den Tag führen, mit einigen saisonalen Rezepten und Projekten erweitert, die Sie die besondere Atmosphäre, die jeder Jahreszeit zu eigen ist, spüren lassen.

In der dunkelsten Zeit des Winters wollen viele länger schlafen und wohligwarm essen. Ski fahren ist ein beliebtes Freizeitvergnügen, genauso wie Zeit im kuscheligen Zuhause zu verbringen. Wir backen sehr gern eine gesündere Variante klassischer Schokoladenkekse (Seite 198), finden es aber auch befriedigend, im Haus Grüngemüse zu ziehen (Seiten 193/194), während die Flora draußen unter einer Schneedecke ruht.

Wenn die Tage länger werden und die Sonne allmählich höher am Himmel steht, ist es fast so, als ob wir nach langem Winterschlaf aufwachen. Die allgemeine Stimmung hebt sich spürbar – überall lachende, glückliche Gesichter. Jeder sehnt sich nach helleren Tagen und darauf, nach draußen zu kommen. Im Frühling erwacht alles wieder zum Leben, und wir können anfangen, Gemüse und Salate zu ziehen, selbst wenn es nur auf einem sonnigen Fensterbrett oder draußen am Balkon ist. In diesem Buch finden Sie auch eine Anleitung für den Gemüseanbau auf kleinem Raum (Seiten 59/60), weil wir finden, dass jeder etwas anbauen kann, egal wie klein das Zuhause ist. Der allgegenwärtige Rhabarber ist meist das Erste, was man im Jahr ernten kann – im wunderbaren Duft von Rhabarbermarmelade, die auf dem Herd vor sich hinblubbert, steckt auch ein wenig Frühlingsgefühl (Seite 64).

Im Sommer schmecken uns Ice Pops (Eis am Stiel, Seiten 111/112) in Shorts und Sommerkleidern, selbst wenn das Thermometer nur 10 °C anzeigt. Wild entschlossen wollen wir die Sonne genießen. Das Leben dreht sich um Picknicks (Seiten 113–119), Fahrradtouren, Grillen und andere Aktivitäten im Freien. Wir lieben es, Stoffe mit natürlichen Farben aus der Küche zu färben und sie zum Trocknen in der Sonne aufzuhängen (Seite 104). Das Sonnenlicht gibt uns viel Energie, und die meisten Menschen brauchen weniger Schlaf. Das Aufstehen fällt leicht, wenn die Sonne bereits scheint und ein abenteuerreicher Tag vor der Tür auf einen wartet.

Am liebsten ist uns persönlich jedoch der Herbst, die Erntezeit. Die Läden führen jetzt reichlich frisches Gemüse, egal ob wir es auch selbst anbauen oder dankbar sind, dass sich andere die Mühe machen. Die frischen Produkte überall sorgen für eine freudenreiche Zeit. Die Isländer gehen nach draußen und pflücken Wildbeeren von den Sträuchern an den Berghängen. In vielen Haushalten werden Wildbeerenmarmelade gekocht und Beeren-Pies (153/154) gebacken, und natürlich bereiten wir uns nun auf den Winter vor, indem wir Gemüse einlegen (Seiten 155–157) und frische Kräuter konservieren (Seite 158). So bewegt sich der faszinierende Kreislauf des Lebens und der Jahreszeiten weiter.

Die Rezepte und spezielle Ernährungsformen

Alle hier vorgestellten Rezepte sind vegetarisch und, wenn zutreffend, als milchproduktefrei, glutenfrei, nussfrei, Rohkost und vegan ausgezeichnet (siehe die Symbole auf der rechten Seite), sodass Allergiker oder Menschen mit speziellen Ernährungsbedürfnissen leicht sehen, welche Rezepte zu ihnen passen. Eine vegane Ernährung besteht aus rein pflanzlichen Produkten. Alle tierischen Produkte wie Eier, Käse und andere Milchprodukte oder Honig werden vermieden. Die Rezepte sind weizenfrei und meist natürlicherweise glutenfrei und vegan. Wenn Sie allergisch auf Nüsse reagieren, können Sie Nuss- und Mandelkerne durch Samen, Kokosraspel oder Pinienkerne ersetzen. Diese Optionen sind nicht überall aufgeführt, es sollte aber nicht schwerfallen, in solchen Fällen selbst zu improvisieren. Wenn Sie ausschließlich Rohkost essen, müssen Sie darauf achten, Rohkakao, rohes Nussmus usw. zu verwenden. Weniger strenge Rohköstler können die Rohkost-inspirierten Nachspeisen mit Zutaten wie Zartbitterschokolade und ungesüßtem Kakaopulver zubereiten – ein besonderes Geschmackserlebnis.

Doch genug der Vorrede – tauchen Sie nun ein ins pure Vergnügen!

- (MF) milchfrei
- (GF) glutenfrei
- [NF] nussfrei*
- [R] Rohkost
- [V] vegan

* Manche nussfreien Rezepte können Kokosnuss, Kokosnussprodukte und/oder Pinienkerne enthalten.

Frühstück am Morgen

Der erste Bissen

—

Frühlingsrezepte und -aktivitäten

Morgens gut zu essen setzt den Grundstein für einen großartigen Tag. Da jeder Mensch anders ist, halten Hildur und ich es für wichtig, darauf zu vertrauen, was uns der Körper als das individuell Beste signalisiert. Was also gibt Ihnen die meiste Energie und Konzentrationsfähigkeit für den Tag? Manche fühlen sich wohl, wenn sie gar nicht oder nur wenig frühstücken, andere schwören auf eine große, herzhafte Mahlzeit, die bis mittags satt macht. Dieses Kapitel zeigt verschiedene Varianten für alle Vorlieben. Die meisten Menschen essen morgens eher süß, wie gezuckerten Joghurt und Getreideprodukte. Wir haben jedoch versucht, zu diesem Tageszeitpunkt raffinierten Zucker zu meiden und dafür gesundes Gemüse, Nüsse, Saaten, ganze Getreidekörner und Obst in die Mahlzeiten zu integrieren.

Eine Sache, die nach unserer Erfahrung einen guten Morgen in einen noch besseren Tag verwandelt, ist eine positive Geisteshaltung. Manche starten dafür ihren Morgen mit einer Meditation. Wir hören gern Musik, die warme, inspirierende Gefühle weckt, und sind überzeugt, dass dies helfen kann, den Tag positiv zu beginnen, insbesondere, wenn man damit gute Erinnerungen und genussvolle Momente in Verbindung bringt. Wie wäre es vielleicht sogar mit Singen und Tanzen, während Sie das Frühstück zubereiten? Danach können Sie das Haus verlassen und dem Tag mit einem guten Gefühl entgegentreten.

Selbst gemachter Energiemix

Ergibt 3 Esslöffel

- 1 EL Hanfsamen
- 1 TL Ashwagandha-Pulver
- 1 TL Moringa-Pulver
- 1 TL gemahlene Kurkuma
- 1 TL Lucuma-Pulver
- 1 TL Bienenpollen
- ½ TL Maca-Pulver

In einem Schraubglas luftdicht aufbewahrt, hält dieser „Superfood-Mix" einige Wochen. Wir mischen gern einen Teelöffel davon unter unseren Basis-Smoothie, den grünen Morgen-Smoothie (siehe unten).

Alle Zutaten in ein sterilisiertes Schraubglas füllen und vermengen. Der Mix kann unter einen Smoothie oder ein Glas Wasser beziehungsweise Kokoswasser gerührt werden. Ein Teelöffel pro Smoothie ist die perfekte Menge.

Tipp: Zum Sterilisieren die Schraubgläser und die Deckel in heißem Seifenwasser waschen, klar spülen und im vorgeheizten Ofen auf 120 °C trocknen. Alternativ Gläser und Deckel in der Spülmaschine säubern. Für die Verwendung muss beides trocken sein.

Grüner Morgen-Smoothie

Für 2 Personen

- 500 ml Wasser oder Kokoswasser
- 1 reife Avocado, geschält, entkernt und gewürfelt
- 200 g Gurkenwürfel
- 1 Limette, geviertelt
- 25 g oder 1 Handvoll Korianderkraut, gehackt
- 1 EL Hanfsamen
- 7-cm-Stück frische Ingwerwurzel (ca. 60 g), geschält und geviertelt
- 5-cm-Stück frische Kurkumawurzel (ca. 25 g), geschält und geviertelt
- 1–2 TL selbst gemachter Energiemix (siehe oben)
- 2–3 Tropfen Pfefferminzöl (nach Belieben)
- 1 Handvoll Spinat, Grünkohl oder grüner Blattsalat (ca. 50 g)
- einige Eiswürfel

Wenn Sie den Smoothie lieber süßer mögen, geben Sie etwas Obst zur Mischung. Gut geeignet sind Heidelbeeren, Himbeeren, Mango, Äpfel und entsteinte Datteln.

Alle Zutaten in den Standmixer geben und glatt pürieren. In Gläser füllen und servieren.

Kurkuma-Shake

Für 2 Personen

- 30 g Hanfsamen
- 150 g gefrorene Mangowürfel
- ½ Banane
- 1 EL Kokosöl
- 2 TL geriebene Ingwerwurzel
- 2 TL Zitronensaft
- 1 TL Chiasamen
- ½–¾ TL Kurkuma (entweder zerstoßene frische Wurzel oder Pulver)
- ½ TL gemahlener Kardamom

Hanfsamenmilch ist schnell zubereitet. Die Samen müssen, anders als die Mandeln bei Mandelmilch, nicht eingeweicht werden. Verwenden Sie 1 Teil Hanfsamen auf 3–4 Teile Wasser.

Die Hanfsamen mit 175 ml Wasser in einen Standmixer füllen und zu Hanfsamenmilch pürieren.

Die restlichen Zutaten dazugeben und die Mischung cremig pürieren. In Gläser gießen und servieren.

Morgenstarter

Für 2 Personen

- 75 g Mandeln
- 225 g gefrorene Heidelbeeren
- ½–1 Banane, in Stücke geschnitten
- ½ Avocado, geschält und gewürfelt
- 1 EL rohe Chiasamen
- 1 Handvoll Spinat
- 1 EL Leinöl
- 2 Kapseln Probiotika oder Acidophilus-Bakterien (Nahrungsergänzungsmittel, nach Belieben)
- selbst gemachter Energiemix, zum Servieren (Seite 22)

Die Mandeln in einer Schüssel mit kaltem Wasser 8 Stunden oder über Nacht einweichen.

Am nächsten Tag die Mandeln abgießen und mit Küchenpapier trocken tupfen. Das Einweichwasser entsorgen. Die Mandeln mit 350 ml frischem Wasser in einen Standmixer füllen und pürieren, bis die Mandelmilch fertig ist. Die restlichen Zutaten zugeben und die Mischung cremig pürieren. Die Probiotika, falls verwendet, zum Schluss kurz auf kleiner Stufe einrühren, sodass sie gut untergemengt sind.

Den Morgenstarter für Kinder so, wie er ist, ins Glas füllen und für Erwachsene noch einen Teelöffel Energiemix darunterrühren.

Anleitung für selbst gemachte Nussmilch

Ergibt gut 500 ml

- 150 g Nüsse oder Saaten
- Süßungsmittel nach Geschmack (nach Belieben)
- Gewürze nach Geschmack, wie Zimt, Vanille und Kardamom (nach Belieben)

Selbst gemachte Nussmilch ist leichter herzustellen, als Sie vielleicht denken. Hildur und ich machen das mehrmals pro Woche, sodass wir immer einen Vorrat im Kühlschrank haben.

Wenn Sie die Milch selbst herstellen, können Sie die Konsistenz steuern und, noch wichtiger, das Süßungsmittel Ihrer Wahl verwenden oder sogar ganz darauf verzichten. Wir weichen die Nüsse oder Saaten gern ein, da es die Milch besser verdaulich macht und ein größerer Teil der Nährstoffe vom Körper aufgenommen wird. Damit sie schön cremig wird, seihen wir die Milch durch einen Nussmilchbeutel ab (Seite 233) und verwenden das im Beutel aufgefangene Püree (Nuss-/Mandelschrot) zum Backen. Alternativ seihen Sie die Milch durch ein Stück Käseleinen ab, das Sie über eine Schüssel hängen.

Die Nüsse oder Saaten in eine Schüssel füllen, mit Wasser bedecken und 8 Stunden einweichen.

Die Nüsse oder Saaten in ein feines Sieb abgießen und unter kaltem Wasser spülen. Mit 500 ml frischem Wasser in einen Standmixer füllen und gründlich zerkleinern. Für eine samtigere Konsistenz die Mischung durch einen Nussmilchbeutel oder ein über eine Schüssel gehängtes Käseleinen (Musselin) abgießen.

Nun die Milch nach Geschmack süßen und würzen. In eine saubere, sterilisierte Glasflasche (Seite 22) abfüllen und luftdicht verschließen. Die Milch hält im Kühlschrank einige Tage.

Tipp: Den Nuss- oder Saatenschrot einfrieren, falls er nicht bald verwendet wird. Sie können anstelle der Nüsse oder Samen aber auch Mandelmus oder Sesampaste (Tahini) verwenden. Dazu einfach einige Esslöffel davon mit dem Wasser in den Mixer geben und kurz verrühren. Fertig!

Porridge mit Hirse und Chia

Für 2 Personen

- 250 ml Mandelmilch (Seite 26)
- 3 EL Chiasamen
- 100 g kernige Hirseflocken
- 1 TL Vanillepulver
- 1 TL gemahlener Zimt
- ½ TL Zitronensaft
- 1 Prise Salz
- ½ Banane, in dünne Scheiben geschnitten, zum Belegen

Für das Himbeerkompott
- 1 Birne, geschält, Kerngehäuse ausgeschnitten und in kleine Stücke geschnitten oder gerieben
- 130 g Himbeeren (frisch oder gefroren)
- 1 EL geriebene frische Ingwerwurzel

Wenn Sie morgens nicht viel Zeit haben, ist diese Zubereitungsmethode für Porridge ideal. Es lässt sich leicht am Vorabend oder sogar einige Tage im Voraus ansetzen. Sie müssen nur darauf achten, Kompott und Brei in getrennten Behältern aufzubewahren und den Brei erst am Tag des Verzehrs fertig anzurichten.

Mandelmilch und Chiasamen in ein sauberes Schraubglas füllen, dieses verschließen und etwa 2–3 Minuten fest schütteln, bis sich beides vermengt hat. Die Hirseflocken mit Vanille, Zimt, Zitronensaft und Salz dazugeben und verschlossen 15–30 Minuten oder über Nacht quellen lassen.

Für das Kompott Birne, Himbeeren und Ingwer in eine mittelgroße Schüssel füllen. Mit einer Gabel zur gewünschten Konsistenz zerdrücken. Wir mögen es gern etwas stückig. Alternativ die Zutaten in der Küchenmaschine auf der Pulsstufe zu einem cremigen Mus zerkleinern.

Vor dem Servieren die Hälfte des Kompotts in eine Schüssel oder ein Glasgefäß füllen, die Hälfte des Chiabreis daraufsetzen und mit einer Schicht Bananenscheiben belegen. Das restliche Himbeerkompott darübergeben und servieren.

Red Shot

Für 1 Person

- 30 g Gojibeeren
- Kerne von 1 Granatapfel
- 100 ml Rote-Bete-Saft
- 1 kleine rote Chilischote, Samen entfernt
- 1 TL Acaibeeren-Pulver

Ein Shot ist konzentrierter als ein Smoothie und enthält weniger Faserstoffe. Die Nährstoffe dringen besonders schnell ins Körpersystem ein und versetzen Ihnen einen Energieschub.

Die Gojibeeren in einer Schüssel mit Wasser bedecken. 30 Minuten einweichen, dann abgießen.

Die Beeren mit den restlichen Zutaten in einen Standmixer füllen und gründlich pürieren. Durch einen Nussmilchbeutel oder ein Stück Käseleinen (Küchenmusselin) in eine Schüssel abseihen. Die Flüssigkeit in ein Glas füllen und servieren.

Gelber Shot

Für 1 Person

- 5-cm-Stück frische Ingwerwurzel, geschält
- 2 EL Wasser oder Kokoswasser
- 1 TL Zitronensaft
- ½ TL Apfelweinessig
- ¼ TL gemahlene Kurkuma
- ⅛ TL schwarzer Pfeffer

Den Ingwer auf einer Küchenreibe oder -raspel oder einem Zestenreißer fein reiben und die Paste mit den Händen über einer Schüssel auspressen, um den Saft aufzufangen (das ist überraschend viel). Sie benötigen etwa 1 Teelöffel Ingwersaft.

Den Ingwersaft mit den restlichen Zutaten in ein sauberes Schraubglas füllen. Verschließen, gut durchschütteln, und der Shot ist trinkfertig.

Rosa Shot

Für 1 Person

- 1 rote Grapefruit
- 1 Limette
- 5-cm-Stück frische Ingwerwurzel, geschält

Grapefruit, Limette und Ingwer entsaften oder im Standmixer fein pürieren (in diesem Fall die Zitrusfrüchte zuvor schälen). Die Flüssigkeit durch einen Nussmilchbeutel oder ein Stück Käseleinen über einer Schüssel abseihen. In ein Glas gießen, und schon ist der Shot trinkfertig.

Grüner Shot

Für 1 Person

- 2 Limetten, geschält
- 2 Kaffirlimettenblätter
- 2-cm-Stück frische Ingwerwurzel, geschält
- 1 TL Weizengraspulver

Alle Zutaten in einen Standmixer füllen und gründlich pürieren. Durch einen Nussmilchbeutel oder ein Stück Käseleinen über einer Schüssel abseihen. In ein Glas umfüllen, und der Shot ist trinkfertig.

Schokoladen-Chia-Pudding mit Müsli und Früchten

Für 2–3 Personen

- 40 g Chiasamen
- 250 ml Mandelmilch
- 2 EL rohes Kakaopulver
- 2 TL Kokosnektar, Ahornsirup oder ein anderes Süßungsmittel der Wahl (nach Belieben)
- 1 TL Vanillepulver
- 120 g selbst gemachtes Knuspermüsli (Seite 38)
- 225 g frische Beeren der Saison

Chiasamen sind bei uns ein Dauerfavorit und eignen sich sehr gut für Frühstücks-Cremespeisen, denen sie die perfekte Konsistenz geben. Dazu sind sie nährstoffreich, unglaublich ballaststoffhaltig und dadurch gut sättigend. Sie können bereits vor der Verwendung eingeweicht werden. Nur in Wasser eingeweicht, halten sie im Kühlschrank wochenlang. Wenn Sie Mandelmilch oder Gewürze dazugeben, sollten Sie die Samen innerhalb von einigen Tagen aufbrauchen.

Die Chiasamen mit Mandelmilch, Kakaopulver, Süßungsmittel und Vanillepulver in ein sauberes Schraubglas füllen. Mit Deckel 1–2 Minuten schütteln, bis sich die Zutaten gut vermischt haben. Den Pudding im Kühlschrank 1 Stunde oder über Nacht ziehen lassen. Die Samen quellen auf und bekommen eine geleeartige Konsistenz.

Zum Servieren den Boden von 2–3 Gläsern mit einer Schicht Chiapudding bedecken, dann eine Schicht Knuspermüsli und eine Lage Beeren darauf anrichten. Wiederholen, bis die Zutaten aufgebraucht sind.

Selbst gemachter Joghurt aus Paranuss- und Cashewkernen

Für 2 Personen

- 1 TL gemahlene Chiasamen
  (in einer sauberen Kaffee- oder
  Gewürzmühle)
- 1 TL Probiotika-Pulver
- 1 ½ EL Zitronensaft
- 225 g Cashewkerne
- Kürbiskerne, frische Beeren oder
  andere Früchte zum Servieren

Für die Paranussmilch
- 100 g Paranusskerne

Dieser köstliche Joghurt war unser Lieblingsrezept, bevor es pflanzenbasierte Joghurts in jedem Supermarkt zu kaufen gab. Er ist jedoch immer noch sehr dankbar in der Zubereitung, und der überzeugende Joghurtgeschmack ist jedes Mal eine schöne Überraschung.

Für die Paranussmilch die Paranusskerne in einer Schüssel mit Wasser bedecken und 2 Stunden einweichen. Das Wasser abgießen und die Kerne unter kaltem Wasser abspülen. Mit 300 ml Wasser in den Standmixer füllen und gründlich pürieren. Die Mischung durch einen Nussmilchbeutel oder durch ein Stück Käseleinen in eine Schüssel abseihen. In ein sterilisiertes Schraubglas umfüllen (Seite 22) und beiseitestellen. Für das Rezept werden 300 ml Nussmilch benötigt.

Die Paranussmilch in den Standmixer füllen, Chiasamen, Probiotika-Pulver und Zitronensaft dazugeben und die Zutaten gründlich vermengen. Die Mischung in ein sterilisiertes Glasgefäß umfüllen und die Öffnung mit einem sauberen Küchentuch bedecken. Das Tuch mit einem Gummiring fixieren und den Joghurt an einem warmen Ort 12 Stunden stehen lassen. Am nächsten Morgen riecht man bereits das süße Joghurtaroma.

Die Cashewkerne in einer Schüssel mit Wasser bedecken und mindestens 2 Stunden oder über Nacht einweichen lassen. Dann das Wasser abgießen, die Cashews unter kaltem Wasser abspülen und beiseitestellen. Das Einweichwasser entsorgen.

Den Joghurt mit den eingeweichten Cashewkernen in einen Standmixer geben und cremig pürieren. Er ist nun verzehrfertig. Mit Kürbiskernen, frischen Beeren oder anderen Früchten garniert servieren. Im Kühlschrank luftdicht verschlossen aufbewahrt, halten die Reste einige Tage.

Selbst gemachtes Knuspermüsli

Ergibt 900 g

Für die Sauce
- 2 Beutel Lieblings-Chai-Tee
- 2 EL Süßungsmittel, wie Kokos-palmzucker, Ahornsirup oder Dattelpaste (Seite 202), nach Geschmack
- 35 g Sesampaste (Tahini)
- 2 EL Kokosöl

Für das Knuspermüsli
- 250 g kernige Haferflocken
- 150 g Kokosraspel
- 150 g Mandelkerne, gehackt
- 50 g Kürbiskerne
- 75 g Sonnenblumenkerne
- 2 EL Sesamsaat
- 2 EL Chiasamen
- 2 EL Hanfsamen
- 2 EL Leinsamen

Knuspermüsli muss man einfach lieben! Oft enthält es aber zu viel Zucker; daher bereiten wir unser „Granola" selbst zu, weil wir dann den Süßegrad kontrollieren und unsere Lieblingszutaten unterbringen können. Süßungsmittel einsparen kann man wunderbar mit Chai-Tee, der einen köstlich süßen und würzigen Geschmack ergibt. Für dieses Rezept verwenden wir gern glutenfreie Haferflocken, normale kernige Haferflocken funktionieren aber auch. Für eine nussfreie Variante die Mandeln durch einen höheren Anteil Sonnenblumen- und Kürbiskerne ersetzen.

Den Ofen auf 180 °C (Umluft 160 °C) vorheizen.

Für die Sauce 120 ml heißes Wasser in eine Schüssel geben, die Teebeutel hineinhängen und 5 Minuten ziehen lassen. Die Beutel entfernen und entsorgen. Den Tee in den Standmixer gießen. Süßungsmittel, Tahini und Kokosöl dazugeben und alles cremig pürieren. Beiseitestellen.

Für das Knuspermüsli die Zutaten in einer großen Schüssel vermengen. Die Sauce darübergießen und unter die Zutaten heben, bis alles gleichmäßig davon überzogen ist.

Ein Backblech mit Backpapier auslegen. Die Müslimischung gleichmäßig darauf verteilen und 30–40 Minuten backen. Dabei alle 10 Minuten umrühren, damit das Müsli gleichmäßig knusprig wird und nicht anbrennt.

Grüne Energiesuppe mit Acaibeeren und Meeresalgen

   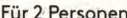

Für 2 Personen

- 120 ml Kokoswasser
- 2 Grünkohlblätter oder 1 Handvoll Spinat
- ½ Zucchini, in Stücke geschnitten
- ½ Birne, geschält und in Stücke geschnitten
- ½ Avocado, geschält und in Stücke geschnitten
- ¼ Gurke, in Stücke geschnitten
- 1 Handvoll Alfalfa-Sprossen
- 2 Datteln (nach Belieben)
- 1 EL Zitronensaft
- 1 Stück Lappentang (Dulse), ca. 10 cm, fein gehackt
- 1 kleines Stück frische Chilischote
- 2–3 Tropfen natürliches Aroma (nach Belieben)

Zum Garnieren
- 1 TL Acaibeeren-Pulver
- 2 EL frische Beeren der Wahl

Dr. Wigmore (1909–1994) war eine litauisch-amerikanische Heilpraktikerin, Ernährungswissenschaftlerin, Vorreiterin der Vollwertkost und Autorin. Dazu eine Pionierin in der Verwendung von Weizengrassaft, Rohkost und Living Foods zum Entgiften und Heilen des Körpers. Sie war berühmt für ihre Energiesuppe. Das Rezept dafür lernte ich in den 1990er-Jahren in Puerto Rico kennen. Weil sie uns so guttut, gehört die Suppe seither fest zu unserem Speiseplan. Bei Smoothies oder Energiesuppe kauen wir die ersten Schlucke erst gründlich. Der Kauvorgang stimuliert die Enzymproduktion und bereitet den Körper auf den Verdauungsprozess vor. Das Originalrezept haben wir mit der Zeit ein wenig nach unseren Vorlieben abgewandelt.

Alle Zutaten im Standmixer glatt pürieren. Die Suppe in Teller oder Schüsseln füllen, das Acaibeeren-Pulver und die frischen Beeren darüberstreuen und servieren.

Tipp: Nach Geschmack mit einer halben Birne garnieren. Die Birne schälen, das Kerngehäuse entfernen und das Fruchtfleisch in Stücke schneiden. Mit den Beeren auf der Suppe verteilen. Servieren.

Tofu-Pfanne
mit Grünkohl und Avocado

Für 2–3 Personen

- 250 g Tofu
- 2 EL natives Olivenöl extra
- ¼ Zwiebel, fein gehackt
- 2 Knoblauchzehen, gehackt
- 4 Grünkohlblätter, Stiele entfernt

Für die Tofu-Marinade
- 2–3 EL Mandelmilch
- 2 EL Nährhefeflocken
- 1 EL Tamari
- 1 EL Senf
- ½ TL gemahlene Kurkuma
- ¼ TL rote Chiliflocken
- 1 Prise Salz

Zum Garnieren
- ½ Avocado, in Scheiben geschnitten
- frische Sprossen (nach Belieben)

Zuerst den Tofu marinieren. Dafür Mandelmilch, Nährhefeflocken, Tamari, Senf, Kurkuma, rote Chiliflocken und Salz in einer Schüssel vermengen. Aus dem Tofu alle Flüssigkeit ausdrücken. Dafür den Block am besten in ein sauberes Küchentuch wickeln und sanft drücken, sodass das Wasser durch das Tuch austreten kann. Nicht zu fest pressen, damit der Tofu nicht zur Paste wird. Man benötigt eventuell zwei Tücher, da viel Flüssigkeit anfallen kann. Dann den Tofu zu den Marinade-zutaten in die Schüssel krümeln und gründlich damit vermengen.

Das Olivenöl bei mittlerer Hitze in einem Topf erwärmen. Zwiebel und Knoblauch zugeben und 3–4 Minuten andünsten, bis beides goldbraun ist. Die Grünkohlblätter unterheben und 1 Minute unter Rühren mitdünsten, dann den Tofu dazugeben und 4–5 Minuten mitgaren. Mit Avocadoscheiben und nach Belieben mit Sprossen garniert servieren.

Herzhafte Frühstücksschüssel

Für 2 Personen

- 75 g Quinoa
- 5-cm-Stück frische Ingwerwurzel, geschält
- 1 Prise Meersalzflocken
- 1 Prise rote Chiliflocken
- 1–2 TL Sesamöl, geröstet
- 4 Grünkohlblätter, Stiele entfernt, Blätter gehackt
- 1 Avocado, geschält, entkernt und gewürfelt
- 50 g Pistazienkerne, geröstet

Für die Raita
- 75 g Cashewkerne
- ½ Gurke
- 1 Knoblauchzehe
- 2 Datteln, entsteint
- 2 TL Nährhefeflocken
- 1 TL Zwiebelpulver
- 2 EL Zitronensaft
- ½ TL Meersalz
- frisch gemahlener schwarzer Pfeffer

Zum Garnieren
- 2–4 Zweige Korianderkraut
- Kresse, zum Bestreuen
- 1 Limette, in Spalten geschnitten

Morgens haben wir häufig Lust auf Süßes, wie getrocknetes oder frisches Obst auf Porridge. Anders jedoch bei dieser Frühstücksschüssel. Es ist eines unser Lieblingsessen, wenn wir nicht süß frühstücken wollen, sondern eine herzhafte und sättigende erste Mahlzeit wünschen. Probieren Sie es aus – Sie werden es nicht bereuen!

Die Cashewkerne für die Raita in einer Schüssel mit Wasser bedecken und mindestens 2 Stunden einweichen. Danach abgießen und beiseitestellen.

Die Quinoa in einem Topf mit 250 ml Wasser sowie Ingwer, Meersalz und Chiliflocken aufkochen. Etwa 15 Minuten sprudelnd kochen, bis das ganze Wasser aufgenommen ist.

In der Zwischenzeit das Sesamöl in einem zweiten Topf bei mittlerer Hitze heiß werden lassen. Den Grünkohl hinzugeben und etwa 2 Minuten braten, bis er knusprig ist. Beiseitestellen.

Für die Raita die Gurke grob raspeln und gründlich ausdrücken. Beiseitestellen.

Cashewkerne, Knoblauch, Datteln, Nährhefeflocken, Zwiebelpulver sowie Zitronensaft in den Standmixer geben, 120 ml Wasser hinzufügen und gründlich pürieren. Nach Geschmack mit Salz und Pfeffer würzen. Die Sauce in eine Schüssel umfüllen und die Gurke unterrühren. Bis zum Servieren im Kühlschrank kalt stellen.

Die gegarte Quinoa mit Grünkohl, Avocado und den Pistazienkernen in eine Schüssel füllen. Mit Korianderkraut, Kresse und Limettenscheiben garnieren und zum Servieren die Raita dazureichen.

Chaga-Latte

Für 2 Personen

- 50 g Cashewkerne
- 300 ml heißer Zimt-&-Süßholz-Biokräutertee (fertige Teebeutel)
- 1 EL Lucuma-Pulver
- 1 TL Chagapilz-Pulver
- ½ TL Vanillepulver
- ¼ TL gemahlener Zimt
- ¼ TL gemahlener Kardamom
- 1 Prise Meersalz

Ein Chaga-Latte am Morgen gibt Energie, ohne dass man später zusammenbricht und sich ausgebrannt fühlt. Damit ist er der perfekte Kaffeeersatz für Morgenmuffel.

Die Cashewkerne in einer Schüssel mit kaltem Wasser bedecken und 30 Minuten einweichen. Abgießen und das Einweichwasser entsorgen.

Die Cashewkerne mit den restlichen Zutaten in den Standmixer füllen und gründlich pürieren. In Gläser abfüllen und servieren.

Matcha-Latte

Für 2 Personen

- 350 ml Mandelmilch
- 1 EL Mandelmus
- 1 EL Kokosöl oder Kokosbutter
- 1 TL Matcha-Grüntee (Pulver)
- ½ TL Maca-Pulver
- 1 Prise Meersalzflocken
- Süßungsmittel der Wahl (nach Belieben)

Die Mandelmilch in einem Topf oder mit dem Milchaufschäumer der Espressomaschine sanft erhitzen. In den Standmixer umfüllen, die restlichen Zutaten dazugeben und alles cremig pürieren. In Gläser füllen und servieren.

Frühstück am Morgen/Der erste Bissen

Superfoods-Kaffee

Für 2 Personen

- 250 ml kalter Kaffee oder pflanzlicher Kaffeeersatz
- 100 ml Mandelmilch
- 2 EL rohes Kakaopulver
- 1 EL Hanfsamen
- 1 EL Kokossahne oder Kokosbutter
- 2 TL Lucuma-Pulver
- ¾ TL Chagapilz-Pulver
- ½ TL Vanillepulver
- ¼ TL Reishipilz-Pulver
- flüssiges Stevia mit Karamell- oder
  Toffee-Aroma (nach Belieben)

Alle Zutaten in den Standmixer füllen und gründlich mixen. In Gläser gießen und servieren.

Frühlingsrezepte und -aktivitäten

Sprossen ziehen

Sprossen zeigen wunderbar, wie das Leben im Frühling aus dem Winterschlaf erwacht. Zu Hause Sprossen zu ziehen geht leicht und macht Spaß.

1. Die Samen, Getreidekörner oder Bohnen der Wahl in einem Sieb mit Wasser spülen und verlesen.
2. Die Saat in ein sterilisiertes Schraubglas füllen und im Verhältnis 1:4 (1 Teil Saat, 4 Teile Wasser) mit Wasser auffüllen. Anstelle des Deckels das Glas mit einem Stück weitmaschigen Synthetikgewebe abdecken, das mit einem Gummiring fixiert wird. Über Nacht stehen lassen.
3. Am nächsten Tag die Saat spülen. Dafür das Glas auf den Kopf stellen und das Wasser abgießen. Wieder mit frischem kaltem Wasser auffüllen und nochmals abgießen.
4. Das Glas nun für 1 Stunde kopfüber in einen Geschirr-Abtropfständer stellen, damit die Saat abtropft. Das Glas 3–6 Tage auf dem Ständer belassen und zweimal täglich auf die bereits beschriebene Weise spülen. Die ersten 2 Tage das Glas mit einem Tuch lichtdicht abdecken, dann ans Licht stellen, damit die Blätter Chlorophyll produzieren können.
5. Die fertigen Sprossen in eine Schüssel mit Wasser geben. Bald sollten die Hüllblätter aufschwimmen und können leicht abgeschöpft werden.
6. Die Sprossen mit Küchenpapier oder einem sauberen Küchentuch trocken tupfen. In einen luftdicht verschließbaren Behälter füllen und bis zur Verwendung im Kühlschrank lagern.
7. Die Sprossen halten bis zu 1 Woche, wenn sie alle drei Tage gewaschen und gespült und dann wieder getrocknet werden. Ein guter Anhaltspunkt ist der Geruch: Unverdorbene Sprossen riechen frisch und können verzehrt werden, verdorbene riechen muffig.

SORTE	SAATENMENGE FÜR EIN 1-LITER-SCHRAUBGLAS	EINWEICHZEIT (STUNDEN)	KEIMZEIT (TAGE)
Adzukibohnen	75 g	8	3–5
Alfalfa-Samen	2 EL	10	4–6
Amaranth-Samen	250 g	8	2–3
Buchweizensamen, ungeschält	250 g	6–8	1–2, dann weiter mit der Anleitung für Grüngemüse drinnen anbauen, Seiten 193/194
Buchweizensamen, geschält	250 g	4	1–2
Brokkolisamen	2–3 EL	6–8	3–5
Kichererbsen	250 g	12	3–5
Bockshornkleesamen	75 g	10	4–6
grüne Erbsen	250 g	8	3–4
Linsen	175 g	8	3–4
Mungobohnen	125 g	8	3–4
Quinoa	125 g	4	1–2
Rettichsamen	3 EL	6–8	4–6
Sesamsaat	250 g	6	1–2
Sonnenblumenkerne, ungeschält	200 g	6–8	1–2, dann weiter mit der Anleitung für Grüngemüse drinnen anbauen, Seiten 193–194
Sonnenblumenkerne, geschält	250 g	4–6	2–3
Roggenkörner, ganz	250 g	6–8	3–5
Dinkelkörner, ganz	250 g	6–8	3–5
Weizenkörner, ganz	250 g	6–8	3–5

Essen auf kleinem Raum selbst anpflanzen

Der Frühling ist die Jahreszeit von Hoffnung und neuer Energie. Alles erwacht nach dem langen Winterschlaf wieder langsam zum Leben. Jetzt ist der perfekte Zeitpunkt, um den Gemüseanbau zu planen. Der Eigenanbau ist ein wunderbarer Weg, um wieder mit der Natur in Verbindung zu kommen und den Kreislauf des Lebens zu spüren. Selbst für jeden kleinen Hinterhof, Garten, Balkon oder ein Küchenfensterbrett findet sich die passende Gemüsesorte.

Klein anzufangen ist sowieso am besten. Starten Sie mit Kräutern auf der Fensterbank, oder sehen Sie zu, wie bei einer Erdbeerpflanze im Topf die hübschen weißen Blüten zu köstlichen Früchten werden. Wenn Sie draußen etwas Platz haben, kultivieren Sie Ihr Lieblingsgemüse in tiefen Töpfen oder sogar in einer großen, stabilen Einkaufstasche. Das einzige Problem beim Gärtnern auf kleinem Raum ist, dass die Ernte oft zu wertvoll zum Essen erscheint!

Karotten

- 1 tiefer Pflanztopf oder Pflanzcontainer
- leichte, sandige Erde oder eine gute Bioerdmischung (Kompost)
- 1 Tütchen Karottensamen
- organischer Flüssigdünger

In Island sät man Karotten am besten im späten Frühjahr aus (Mai). In wärmeren Regionen geht das schon früher, gleich nach dem letzten Frost.

Richten Sie zuerst das Pflanzgefäß ein. Es muss so tief sein, dass die Wurzeln nach unten wachsen können, und braucht Ablauflöcher im Boden, damit keine Staunässe entsteht. Zum Auffangen des Gießwassers stellen Sie das Pflanzgefäß in einen Untersetzer. Falls Sie keine Löcher bohren können, legen Sie einige Bachkiesel oder andere Steine auf den Boden des Pflanzgefäßes, bevor Sie die Erde einfüllen. Hier kann sich überschüssiges Wasser sammeln.

Jetzt können Sie ansäen. Stellen Sie das Pflanzgefäß an den sonnigsten Fleck, den Sie finden. Leicht sandige Erde einfüllen und auf der Oberfläche im Abstand von 1,5 cm mehrere 1–2 cm tiefe Rillen ziehen. Die kleinen Karottensamen sparsam auf den Reihen verteilen und mit sehr wenig Erde abdecken. Angießen und die Erde auch weiterhin feucht halten. Nach etwa 3 Wochen sehen Sie die ersten Karottenblättchen sprießen. Nun müssen die Pflanzen vereinzelt werden. Das ist wichtig, damit jede Karottenwurzel ausreichend Platz zum Wachsen hat. 4 cm Abstand zwischen den Pflänzchen reichen. Gießen, wenn die Erde trocken wird, und hin und wieder etwas organischen Flüssigdünger zum Wasser geben. Sie können die Karotten nach etwa 10 Wochen alle auf einmal ernten oder während des Wachstums immer wieder ein paar davon aus der Erde ziehen.

Rote Beten

- für kalte Klimazonen: kleine Papptöpfchen zum Vorziehen
- größere Blumentöpfe mit mindestens 20 cm Tiefe
- einige Rote-Bete-Samen
- lockere, leicht alkalische Erde (pH-Wert 6,5–7)
- organischer Flüssigdünger
- Gartenvlies

Fangen Sie nach dem letzten Frost an. Wegen des rauen isländischen Klimas ist es gut, die Roten Beten in kleinen Anzuchttöpfen vorzuziehen und sie während des Austreibens leicht bedeckt im Haus zu lassen. Sobald die Blätter nach wenigen Wochen stabil genug sind, werden sie in größere und tiefere Gefäße umgetopft. In wärmeren Klimazonen können die Samen gleich in einen oder mehrere größere Töpfe gelegt werden. Diese sollten Ablauflöcher im Boden haben, damit keine Staunässe entsteht. Zum Auffangen von zu viel Wasser das Pflanzgefäß in einen Untersetzer stellen.

Die Rote-Bete-Samen vor dem Aussäen einige Stunden einweichen. In der Zwischenzeit die Töpfe mit Erde füllen, die mit etwas organischem Dünger vermischt wurde. Die Samen mit 5 cm Abstand in Grüppchen in etwa 2,5 cm tiefe Pflanzlöcher legen und locker mit Erde bedecken. Bis zum Keimen feucht halten. Bewährt hat es sich, die Samen dünn mit Gartenvlies zu bedecken. Sie sollten nach 5–10 Tagen keimen, wenn die Erde feucht gehalten wird. Gleich nach dem Keimen müssen die Setzlinge ausgedünnt werden, damit jeder ausreichend Platz hat. Nur der kräftigste einer Pflanzgruppe bleibt stehen. Nach etwa 3 Wochen, wenn die Pflänzchen eine Höhe von etwa 5 cm erreichen und die Blätter robuster werden, ist es Zeit, die Pflänzchen noch einmal auf Abstände von 10 cm zu verziehen. Beim Vorziehen in kleinen Töpfen werden die Pflanzen jetzt mit einem Abstand von ebenfalls 10 cm in die größeren Töpfe umgesetzt.

Die Erde immer gut beobachten: Sobald sie trocken erscheint, muss gegossen werden. Von Zeit zu Zeit organischen Flüssigdünger ins Gießwasser geben. Nach 2 Monaten kann in der Regel geerntet werden. Die Blätter sind essbar (je kleiner, desto besser) und wunderbar für Salate und Smoothies geeignet. Sie können auch vor der Ernte von Zeit zu Zeit ein paar davon pflücken.

Gesunde Ostereier

Ergibt 4 ganze Eier

Für die Schokolade
- 175 ml Kokosöl
- 175 g Mandelmus
- 160 g Kokosnektar
- 90 g rohes Kakaopulver
- 30 g Lucuma-Pulver
- ½ TL Maca-Pulver
- ½ TL Cayennepfeffer
- ¼ TL Meersalzflocken

Für die Knusperstückchen
- 2 EL Gojibeeren
- 2 EL Maulbeeren
- 2 EL Kürbiskerne
- 2 EL Buchweizensprossen
- 1 EL Chiasamen

Zum Fertigstellen
- 2 EL Kakaobutter
- 2 TL rohes Kakaopulver

Schokoeier-Hohlformen gibt es in vielen Größen. Wir mögen die kleinen am liebsten. Für nussfreie Ostereier verwenden Sie Tahini statt Mandelmus.

Für die Schokolade das Kokosöl in ein Schraubglas geben. Dieses in eine Schüssel mit warmem Wasser stellen und so schmelzen.

In der Zwischenzeit Mandelmus und Kokosnektar in der Küchenmaschine cremig schlagen. Das Kakaopulver und das geschmolzene Kokosöl zugeben und unterrühren. Lucuma-Pulver, Maca-Pulver, Cayennepfeffer und Meersalzflocken ebenfalls unterrühren. Die Mischung in eine große Schüssel umfüllen, die Zutaten für die Knusperstückchen zugeben und rühren, bis alles gleichmäßig vermengt ist.

Die Schokoladenmischung in 8 halbe Eierformen gießen. Im Gefriergerät 1 Stunde oder über Nacht gefrieren, bis die Masse fest ist.

Zum Fertigstellen je 2 Hälften zu einem ganzen Ei zusammensetzen. Dafür die Kakaobutter in einer hitzefesten Schüssel über einen Topf mit leicht köchelndem Wasser hängen, bis sie geschmolzen ist. Vom Herd nehmen und das Kakaopulver einrühren, bis die Mischung glatt ist. Die Ränder einer Eihälfte damit einstreichen und vorsichtig eine zweite Hälfte daraufdrücken. 10 Minuten ruhen lassen, bis der Kakao getrocknet ist. Alternativ die Eier als Hälften genießen.

Tipp: Wenn Sie kein Rohköstler sind, können Sie ganz nach Ihrem Geschmack den Kokosnektar durch Ahornsirup ersetzen.

Hildurs Rhabarbermarmelade

Ergibt etwa 1,5 kg Marmelade

- 1 kg Rhabarberstängel, in Stücke geschnitten
- 500 g Erdbeeren, Stiele entfernt, klein geschnitten
- 200 g Kokospalmzucker.
- 2 EL Zitronensaft
- 7-cm-Stück Ingwerwurzel, geschält
- 2 Vanilleschoten
- 1 Zimtstange
- 1 ½ EL gemahlene Chiasamen

Rhabarber wächst im Frühjahr und frühen Sommer üppig in vielen Hinterhöfen und Gärten. Ideal ist es, die ersten Stängel gleich zu verwenden, bevor sie zu hart und zäh werden. Junger Rhabarber schmeckt besser und ist gesünder, da er weniger Oxalsäure enthält. Der Verzehr von zu viel dieser Säure kann die Eisen- und Kalziumaufnahme im Körper behindern. Ab Juli sollte man den Rhabarber nicht mehr essen. Die Blätter sind generell nicht zum Verzehr geeignet, aber zum Färben von Stoffen oder als Zutat in natürlichen Pestiziden für den Pflanzenschutz verwendbar.

Den Rhabarber und die Erdbeeren mit Kokospalmzucker und Zitronensaft in einer Schüssel vermengen und 30 Minuten durchziehen lassen.

Die Mischung mitsamt der Flüssigkeit und allen anderen Zutaten außer den Chiasamen in einen schweren Topf füllen und bei mittlerer Hitze zum Kochen bringen. 10–15 Minuten sprudelnd kochen und dabei ständig rühren, damit die Mischung nicht am Topfboden ansetzt. Den Topf vom Herd nehmen und die Chiasamen einrühren. Die Marmelade zurück auf den Herd stellen und erneut aufkochen. Weitere 5–10 Minuten bei starker Hitze kochen, dabei den Schaum an der Oberfläche regelmäßig abschöpfen.

Wenn sie eindickt und anfängt zu gelieren, die Marmelade in sterilisierte Schraubgläser (Seite 22) abfüllen und fest verschließen. Kalt gestellt, hält diese Marmelade 2–3 Monate; Sie können sie auch in kleinen Portionen einfrieren.

Rhabarber-Schichtdessert mit Streuseln und Kokossahne

Für 6–8 Personen

Für die Rhabarberschicht
- 500 g Rhabarberstängel, in 2 cm große Stücke geschnitten
- 250 g Erdbeeren, klein geschnitten

Für die Streusel
- 150 g Pekannusskerne
- 100 g glutenfreies Knäckebrot
- 50 g Maulbeeren
- 50 g Kokospalmzucker

Für die Apfelschicht
- 300 g fertiges Bioapfelpüree

Für die Kokossahne
- 400 ml Kokosmilch
- 1 TL Vanilleextrakt

Zum Servieren
- Eiscreme oder Schlagsahne (nach Belieben)

Dieses köstliche Dessert ist inspiriert von dem Rhabarberkompott, das Großmutter Hildur jedes Frühjahr zubereitete – ein Dauerfavorit.

Bereiten Sie zuerst die Rhabarberschicht zu. Dafür Rhabarber und Erdbeeren in einen Topf geben und zum Kochen bringen. 15–20 Minuten sprudelnd weiterkochen und dabei öfter umrühren.

In der Zwischenzeit für die Streusel die Pekannusskerne, das Knäckebrot und die Maulbeeren zusammen in der Küchenmaschine zerkleinern, bis die Mischung Brotkrümeln ähnelt. In einen Wok oder eine Pfanne umfüllen. Den Kokospalmzucker zugeben und die Mischung unter häufigem Rühren ohne Fett in etwa 5 Minuten goldgelb rösten.

Zum Anrichten eine Schicht Rhabarberkompott in die Gläser füllen und mit einer Schicht Streusel bedecken. Darauf eine Schicht Apfelpüree geben und diese wieder mit Streuseln bedecken. Wiederholen, bis alle Zutaten aufgebraucht sind.

Für die Kokossahne die Kokosmilch mit der Vanille in den Mixer füllen und aufschlagen. In einen Sahnespender umfüllen, die Patrone fest anziehen, den Sahnespender schütteln und auf jedes Dessert eine Sahnehaube sprühen.

Einfaches
Zwei-Tage-Detox-Menü

Einkaufsliste

Für 1 Person für 2 Tage

- 1 Bund Grünkohl
- 2 Bio-Äpfel
- 1 Gurke
- ½ Staude Stangensellerie
- 2 Limetten
- 1 Bund Korianderkraut
- 1 Fläschchen Ingwer-Shot
  (Seite 96)
- 250 g gefrorene Heidelbeeren
- 1 Avocado
- 1 Zitrone
- 1 rote Zwiebel
- 3 Rote-Bete-Knollen
- 1 Süßkartoffel
- 1 Dose Kokosmilch
  (ca. 400 ml)
- Leinsamen
- Sesamsaat
- Kürbiskerne
- 1 kleines Glas Mandelmus
  (ca. 170 g)
- Kräutertee
- gemahlene Kurkuma
- gemahlener Kardamom
- gemahlener Kreuzkümmel
- Salz
- Currypaste
- Cayennepfeffer

Überprüfen Sie vor dem Einkaufen erst Ihre Vorratskammer, da Sie einige dieser Zutaten, vor allem Gewürze, Saaten und Tee, gewiss schon zu Hause haben.

Das Jahr schließt mit den Feiertagen und all seinen Festen und Versuchungen. Wir genießen oft mehr der Köstlichkeiten, als wir normalerweise würden. Das ist wunderbar, solange wir uns dabei gut fühlen. Wenn sich dann der Winter seinem Ende zuneigt, schleicht sich aber doch oft das Gefühl ein, zu viel Spaß gehabt zu haben, und es fällt schwer, in einen gesunden Alltag zurückzufinden. Glückwunsch an all diejenigen, die hiermit nie Probleme haben. Viele andere kennen dieses Dilemma jedoch. Um zum Frühlingsstart wieder zu gesunder Regelmäßigkeit zurückzukehren, folgen Sie diesem zweitägigen Ernährungsplan voller leicht verdaulicher Detox-Nahrungsmittel. So können Sie die Geschmacksknospen ganz einfach wieder „auf normal" setzen und Essgelüste loswerden. Danach wird Ihnen das darauffolgende gesunde Essen wie ein Festmahl erscheinen.

Stellen Sie sicher, dass Sie während der Diätzeit ausreichend essen, um Konzentration und Energielevel hoch zu halten. Sie sollten nicht hungern. Wählen Sie ein Zeitfenster, in dem Sie nicht zu viel zu tun oder zu arbeiten haben. Wenn Sie frei haben, entspannen Sie am besten, machen Yoga oder meditieren, gehen auf leichte Spaziergänge oder tun Dinge, die Ihren Geist beruhigen.

Der Essensplan sieht grünen Saft, Smoothies, Suppe und selbst gemachte Kräcker vor. Essen Sie davon bitte so viel, wie Sie denken zu benötigen, und trinken Sie tagsüber reichlich Wasser und Kräutertees gegen den Durst. Die Zutatenlisten der Rezepte sind nicht zu lang, und mit der beigefügten Einkaufsliste können Sie bereits vor dem Start alles einkaufen. Die Rezepte sind unkompliziert. Es empfiehlt sich aber trotzdem, vor Beginn der Fastentage jeweils größere Mengen davon zu kochen, damit Sie die 2 Tage entspannen und die kleine Kur genießen können.

Grüner Saft

Für 2 Personen

- 1 Handvoll Grünkohl, Stiele entfernt und Blätter in kleine Stücke geschnitten
- ½–1 Apfel, Kerngehäuse ausgestochen, in kleine Stücke geschnitten
- ½ Gurke, in kleine Stücke geschnitten
- 2 Selleriestangen, in kleine Stücke geschnitten
- 1 Limette, geviertelt
- ½ Bund Korianderkraut
- 1 EL Ingwer-Shot (Seite 96)

Sie können unter den Gemüsesorten frei wählen: Grünkohl, Spinat oder ein anderes Lieblingsgemüse. Wenn Sie das Obst und Gemüse zunächst klein schneiden fällt das Pürieren leichter, und Nährstoffe werden besser bewahrt.

Alle Zutaten mit 100–200 ml Wasser in den Standmixer füllen und glatt pürieren. Durch einen Nussmilchbeutel oder ein Stück Käseleinen über einer Schüssel abseihen. Den Saft in ein Glas füllen und genießen. Den übrigen Gemüse-Frucht-Brei aufheben und für den Smoothie (siehe unten) und die Kräcker verwenden (Seite 70).

„Grüner" Smoothie in Lila

Für 2 Personen

- 300 ml Kräutertee
- 2 EL Gemüse-Frucht-Brei vom grünen Saft (siehe oben)
- 300 g frische oder gefrorene Heidelbeeren
- ½ Avocado, geschält
- 1 EL Mandelmus
- 2 EL Ingwer-Shot (Seite 96)
- 1 EL Zitronensaft
- ½ TL gemahlene Kurkuma
- ½ TL gemahlener Kardamom
- 1 Prise Salz

Verwenden Sie für diesen Smoothie Ihren Lieblings-Kräutertee. Wir mögen auch die gewürzte Variante mit Zimt und Sternanis.

Alle Zutaten in den Standmixer füllen und glatt pürieren. In ein Glas gießen und trinken.

Tipp: Verwenden Sie Sesammus (Tahini) statt Mandelmus, wenn Sie auf Nüsse verzichten wollen oder müssen.

Gemüse-Frucht-Brei-Kräcker

Für 2 Personen

- 150 g Leinsamen
- 200 ml Gemüse-Frucht-Brei vom Grünen Saft (Seite 68)
- 150 g Sesamsaat
- 100 g Kürbiskerne
- ½ TL Salz
- 2 EL Lieblings-Currypaste

Den Leinsamen in einer Schüssel mit 300 ml Wasser übergießen und 30 Minuten einweichen. Er sollte das gesamte Wasser aufgenommen haben.

Den Ofen auf 210 °C (Umluft 190 °C) vorheizen und ein Backblech mit Backpapier auslegen.

Alle Zutaten mit den Leinsamen in eine Schüssel füllen und zu einem Teig verrühren. Den Teig gleichmäßig auf dem Backblech verteilen und andrücken. Er sollte gut ½ cm dick sein. 30–35 Minuten backen, aus dem Ofen nehmen und abkühlen lassen.

Zum Backen im Dörrautomaten den Teig alternativ auf einen Einlegebogen streichen und mit dem Pizzaroller oder einem Messer in die gewünschte Kräckerform schneiden. 10–12 Stunden bei 40 °C trocknen, dann die Kräcker wenden und die Matte abziehen. Die Kräcker nochmals 6–8 Stunden dörren, bis sie trocken und knusprig sind.

Die abgekühlten Kräcker in Quadrate brechen und in einem luftdicht verschließbaren Behälter lagern. Sie halten bis zu 2 Monate.

Suppe mit Roter Bete & Süßkartoffeln

Für 2 Personen

- 1 TL natives Olivenöl extra
- 1 rote Zwiebel, dünn geschnitten
- 2 TL gemahlener Kreuzkümmel
- ¾ TL gemahlene Kurkuma
- ½–1 TL Salz
- ¼ TL Cayennepfeffer
- 3 Rote-Bete-Knollen, geschält und gewürfelt
- 1 Süßkartoffel, geschält und gewürfelt
- 200 ml Kokosmilch

Das Öl in einem Topf bei schwacher bis mittlerer Hitze erwärmen. Die Zwiebel hinzugeben und 10 Minuten sanft anschwitzen, bis sie glasig wird. Darauf achten, dass sie nicht verbrennt. Gewürze, restliche Zutaten sowie 800 ml Wasser einrühren und 45–60 Minuten köcheln lassen, bis das Gemüse weich ist. In den Standmixer umfüllen und die Suppe cremig pürieren (alternativ einen Pürierstab verwenden). Servieren.

Vormittagssnacks für unterwegs

—

Sommerrezepte und -aktivitäten

Die meisten von uns essen regelmäßig außer Haus und kaufen in Eile Essen, das nicht gut für uns ist. Mit etwas Vorausplanung, Organisation und Kreativität ist es dabei eigentlich ganz einfach, gesunde Mahlzeiten zum Mitnehmen zu zaubern, und meist spart das auch noch Geld. Am schnellsten ist es, Reste aufzubrauchen, was zusätzlich dazu beiträgt, Lebensmittelabfälle zu vermindern. Wenn man etwas Zeit hat, lohnt es sich, frische, wohlschmeckende Gerichte zu kochen, und oft wird auch das Leben einfacher, wenn man Essen für ein paar Tage im Voraus zubereitet.

Doch nicht nur was wir essen, sondern auch wie wir das tun, ist wichtig. Hildur und ich ermutigen jeden, der normalerweise unterwegs, im Auto oder vor dem Bildschirm auf der Arbeit isst, sich Zeit zu nehmen, Mahlzeiten zu genießen. Machen Sie das Mittagessen zur angenehmen Pause, in der Sie sitzen, entspannen und fühlen, wie es Ihrem Körper mit dem Essen geht. So spüren wir, wie viel wir brauchen, und können die Mahlzeit freudvoller genießen. Sie werden sich zufriedener fühlen und weniger Verlangen nach Süßem oder anderen Naschereien haben.

Glutenfreie Kräcker

Ergibt etwa 20 Kräcker

- 65 g glutenfreie Mehlmischung
- 70 g Mandelmehl
- 2 EL gemahlene Chiasamen
- 2 EL Sesamsaat
- 1 EL Nährhefeflocken
- 1 TL getrockneter Rosmarin
- ½ TL Meersalzflocken
- ½ TL getrockneter Thymian
- ¼ TL Knoblauchpulver
- ¼ TL Backpulver
- 1 TL natives Olivenöl extra

Diese einfachen Kräcker schmecken herrlich mit Pistazien-Grünkohl-Hummus (Seite 82) oder Kräuterhummus mit Mandelmus (Seite 80).

Den Ofen auf 180 °C (Umluft 160 °C) vorheizen.

Alle trockenen Zutaten in einer großen Schüssel vermengen. Nach und nach 75 ml Wasser und das Öl angießen. Das Wasser nicht auf einmal zugeben, da vielleicht nicht die ganze Menge nötig ist. Den Teig mit den Händen kneten, bis sich eine glatte Kugel formen lässt.

Den Teig zwischen zwei Lagen Backpapier legen und 3 mm dick ausrollen. Das obere Backpapier abziehen und den Teig mit dem unteren Backpapier auf ein Backblech ziehen. Mit einem Pizzaschneider den Teig in 5 cm große Quadrate schneiden. Das macht es leichter, ihn nach dem Backen in Stücke zu brechen. Die Kräcker 20–25 Minuten backen, danach auf dem Backblech auskühlen lassen und schließlich in Stücke brechen. Die Kräcker halten sich in einem luftdichten Behälter bis zu 1 Monat.

Selbst gemachter Cashewkäse-Aufstrich

Ergibt 10–15 Käsebällchen

Für die Käsebällchen
- 300 g Cashewkerne
- Pulver aus 3 Probiotika-Kapseln
- 4 EL Zitronensaft
- 2 EL Kokosöl, und etwas Öl zum Einölen der Hände
- 2 EL Nährhefeflocken
- 1 ½ TL Bioapfelweinessig
- 1 TL Salz

Für Gewürzmischung 1
- 3 EL Pistazien
- 3 EL Cranberrys
- 2 EL fein gehackte rote Zwiebel
- 1 TL Meersalzflocken
- 1 Prise schwarzer Pfeffer

Für Gewürzmischung 2
- 3 EL Wasabi-Sesamsaat (aus dem Asienladen)
- 1 EL schwarze Sesamsaat

Die Cashewkerne in einer Schüssel mit Wasser bedecken und mindestens 2 Stunden einweichen. Abgießen und das Einweichwasser entsorgen.

Die Cashewkerne mit den restlichen Zutaten für die Käsebällchen in den Standmixer füllen und cremig zerkleinern. Dabei die Maschine eventuell mehrmals stoppen und die Mischung mit einem Teigschaber von den Seiten nach unten schieben. Ohne Hochleistungsmixer lässt sich die Käsecreme auch in einer Küchenmaschine mit Messereinsatz herstellen. Die Mischung sollte sehr dickem Kartoffelbrei ohne Klumpen ähneln. Die Masse in eine Schüssel umfüllen, mit Frischhaltefolie abdecken und im Kühlschrank 5 Stunden oder über Nacht kalt stellen.

Vor dem Formen der Käsebällchen die Hände leicht einölen, damit der Teig beim Rollen nicht anklebt. Eine der Gewürzmischungen in einer flachen Schale ausbreiten und mit den Händen 15 kleine oder 10 größere Bällchen aus der Cashewteigmischung rollen. Dann in der Gewürzmischung rollen, bis sie rundum davon bedeckt sind. Die Bällchen können in einem luftdichten Behälter 7–10 Tage im Kühlschrank aufbewahrt werden.

Rohe Mandel-Rosmarin-Kräcker

Ergibt etwa 30 Kräcker

- 300 g Mandeln
- 40 g Chiasamen, gemahlen
- 2 EL Nährhefeflocken
- 1 TL Meersalzflocken
- ¼ TL frisch gemahlener schwarzer Pfeffer
- 2 EL getrockneter Rosmarin

Die Mandeln in einer Schüssel mit Wasser bedecken und über Nacht einweichen. Vor der Verwendung abgießen und das Einweichwasser entsorgen.

Die Mandeln in der Küchenmaschine grob schroten. Chiasamen, Nährhefeflocken, Meersalz und den schwarzen Pfeffer zugeben und auf der Pulsstufe vermengen. Das Gerät auf langsame Geschwindigkeit stellen und 6 Esslöffel Wasser und den Rosmarin durch den Einfüllstutzen dazugeben. Anhalten und den Teig an den Seitenwänden mit einem Gummischaber nach unten schieben. Das Gerät wieder anstellen und noch etwas Wasser zugeben, bis die Mischung so dick wie Haferbrei ist und sich leicht verstreichen lässt. Mit einem Gummischaber den Teig auf einen Einlegebogen für den Dörrautomaten oder eine Antihaftmatte für ein Backblech streichen. Mit einem scharfen Messer den Teig in Kräcker unterteilen, dann das Blech in den Dörrautomaten schieben. Auf 63 °C etwa 1 Stunde dörren. Dann die Temperatur auf 48 °C absenken und die Kräcker fertig dörren. Das kann 8–12 Stunden dauern, je nachdem, wie dick oder dünn der Teig auf den Blechen ist. Alternativ den Backofen auf kleinste Temperatur stellen und das Backblech mit den Kräckern in den Ofen schieben, dabei die Ofentür mit einem Holzlöffel einen Spaltbreit offen halten. Den Backofen 8 Stunden durchheizen, bis die Kräcker schön knusprig und trocken sind.

Kräuterhummus
mit Mandelmus

Für 10 Personen

- 1 Dose Kichererbsen (400 g), gespült
- 2 EL Mandelmus
- 60 ml Zitronensaft
- 2 Knoblauchzehen
- ½ TL Wasabi-Sesamsaat
- ½ TL Thymian
- ½ TL Meersalzflocken
- 1 Bund Korianderkraut, klein gehackt
- 60 ml natives Olivenöl extra
- Kräcker, zum Servieren

Zum Garnieren
- ½ EL natives Olivenöl extra
- 1–2 TL Zatar

Die Kichererbsen mit Mandelmus, Zitronensaft, Knoblauch, Sesamsaat, Thymian und Meersalz in den Standmixer füllen und glatt pürieren. Das Korianderkraut zugeben und bei laufendem Gerät langsam das Olivenöl durch die Deckelöffnung gießen, bis es gut untergeschlagen ist. Die Mischung in eine Servierschale umfüllen, mit Olivenöl beträufeln und mit Zatar bestreuen. Mit den Kräckern servieren.

Pistazien-Grünkohl-Hummus

Für 10 Personen

- 250 g gekochte Kichererbsen
- 60 g geschälte Pistazienkerne
- 2 Grünkohlblätter, Stiele entfernt
- 15 g Basilikumblätter, klein gehackt
- 60 ml Zitronensaft
- 2 EL abgeriebene Zitronenschale
- 60 ml natives Olivenöl extra
- 2 Knoblauchzehen
- 1 TL Meersalz
- 1 TL Cayennepfeffer

Zum Garnieren
- 1 ½ TL natives Olivenöl extra
- 2 TL gehackte Pistazien
- Kräcker, zum Servieren

Alle Zutaten in den Standmixer geben und glatt pürieren. Wenn nötig, die Mischung von den Seitenwänden mit einem Gummischaber nach unten schieben. In eine Servierschale umfüllen, mit Olivenöl beträufeln und mit gehackten Pistazien bestreuen. Dazu Kräcker reichen.

Salat im Schraubglas für unterwegs

Für 1 Person

Für das Dressing
- 60 ml kalt gepresstes Salatöl der Wahl
- 1 Orange, geschält
- 1 Limette, geschält
- 15 g Basilikumblätter
- 3–4 Datteln, entsteint
- 1 EL Senf
- 1 TL rote Chiliflocken
- ½ TL Meersalzflocken

Für den Salat
- 2 EL klein gehackte rote Zwiebel
- 40 g Fenchel, in dünne Scheiben geschnitten
- 1 Maiskolben, gekocht und Körner abgelöst
- 1 Karotte, in sehr dünne Scheiben geschnitten
- 90 g gekochte Quinoa
- 30 g gekochte Cannellini-Bohnen
- 75 g Feta-Käse, in Würfel geschnitten
- 10 schwarze Oliven, entsteint (nach Belieben)
- 45 g Granatapfelkerne
- 25 g Grünkohl (etwa 4 Blätter), klein gehackt
- 2 EL Kürbiskerne, geröstet

Das Wichtigste bei diesem Salat ist, das Dressing zuerst ins Glas zu füllen. So hält der Salat im Kühlschrank bis zu 2 Tage, bevor Sie ihn essen. Zwiebeln (wenn verwendet) werden gleich auf das Dressing geschlichtet, da sie durch das Einweichen zart und süß werden. Ansonsten ist es am besten, die Zutaten, die am wenigsten Flüssigkeit aufnehmen, wie Fenchel, Mais und Karotte, direkt auf das Dressing zu schichten. Danach kommen Bohnen, Getreide oder Tofu und anschließend frisches Obst oder Trockenfrüchte. Es ist wichtig, Blattgemüse und -salate weit oben in das Glas zu füllen. Das verhindert, dass der Salat matschig wird. Nüsse, Saaten oder Käse kommen zum Schluss dazu. Avocado und Tomaten ergänzen Sie am besten erst am Morgen des Verzehrs, da sie sonst leicht verderben. Das gefüllte Schraubglas in den Kühlschrank stellen oder direkt mitnehmen.

Alle Zutaten für das Dressing in den Standmixer füllen und cremig pürieren.

Das fertige Dressing in ein sauberes 1-Liter-Schraubglas füllen. Zwiebel, Fenchel, Mais und Karotte darauf schlichten. Dann Quinoa, Bohnen, Feta, Oliven (falls verwendet), die Granatapfelkerne, Grünkohl, Kürbiskerne einfüllen.

Zum Genießen die Salatzutaten in eine Schüssel geben und mit dem Dressing vermischen, bis alles gut vermengt ist.

Tipp: Wenn Sie vegan leben, verwenden Sie eingelegten Tofu oder Avocado anstatt des Feta-Käses.

Superfood-Energieriegel

  R

Ergibt 14 Riegel

- 150 g Mandeln
- 30 g Kokosflocken
- 80 g Kürbiskerne
- 70 g Hanfsamen
- 25 g Gojibeeren
- 40 g Chiasamen
- 60 g Mandelmus
- 75 g Kokosöl
- 30 g Maulbeeren
- 25 g Kakao-Nibs
- 150 g Datteln, entsteint
- 1 TL Chiliflocken
- 1 TL Meersalzflocken
- 1 EL selbst gemachter Energiemix
  (Seite 22)

Es ist so leicht und einfach, Energieriegel selbst zu machen. Lassen Sie sich von der langen Liste an Zutaten nicht entmutigen! Sie müssen sie nur mischen, formen, kalt stellen und genießen. Wir haben immer einen Vorrat dieser Riegel im Gefrier- oder Kühlschrank, sodass wir nach dem Workout, vor dem Radfahren oder als Snack beim Arbeiten schnell einen zur Hand haben.

Eine quadratische Backform (20 x 20 cm) mit Backpapier auslegen und beiseitestellen.

Mandeln, Kokosflocken, Kürbiskerne, Hanfsamen, Gojibeeren und Chiasamen in den Standmixer geben und zerkleinern, bis die Mandeln nur noch Krümel sind. Die restlichen Zutaten hinzugeben und zerkleinern, bis die Zutaten zusammenkleben.

Die Mischung gleichmäßig in der Form verteilen und fest andrücken. Im Kühlschrank mindestens 2–3 Stunden fest werden lassen. Wir schneiden die Masse gern schon vor dem Kühlen in Riegelform.

In einem luftdichten Behälter aufbewahrt, halten die Riegel gekühlt bis zu 3 Wochen und tiefgekühlt bis zu 2 Monate.

Runde Reis-Snacks

Ergibt 6 Reis-Snacks

- 50 g Rundkorn-Naturreis
- ½ Avocado, geschält und gewürfelt
- 1 EL Limettensaft
- 3 EL Sesamsaat, geröstet, und etwas Sesam zum Wälzen
- 1 TL schwarze Sesamsaat (nach Belieben)
- 1 TL Tamari
- ¼–½ TL Meersalzflocken
- 3 Stangen Schnittlauch, fein gehackt
- 6 Scheibchen Einmachgurke
- 1 Rezept Würz-Mayo (Seite 92)

Diese runde Reisleckerei ähnelt einem Fast-Food Snack, den Hildur und ich einst an einer Tankstelle in Japan aßen – wenn Fast Food nur immer so aufregend wäre! Dieser Snack ist perfekt für ausgiebige Radtouren oder Wanderungen, weil die Kohlenhydrate im Reis viel Energie liefern, wenn man länger unterwegs ist.

Den Reis nach Packungsanweisung kochen und bereitstellen. Die Avocadowürfel in eine Schüssel geben und mit dem Limettensaft übergießen. Beiseitestellen.

Den Reis mit Sesam, Tamari, Meersalzflocken und dem Schnittlauch in den Standmixer geben und mehrmals die Pulstaste bedienen, bis der Reis anfängt zu kleben.

Eine kleine Dessertschüssel mit Frischhaltefolie auskleiden und seitlich überhängen lassen. 2 Esslöffel der Reismischung in die Schüssel geben. Je 1 Stück Avocado und eingelegten Ingwer sowie ½ Esslöffel Würzmayonnaise in eine Mulde in der Mitte setzen. Die Frischhaltefolie über den Zutaten zusammennehmen und eindrehen. Den Reis damit aus der Schüssel heben und in der Folie zum Bällchen formen. Die Folie abziehen und dem Bällchen in der Handfläche den letzten Schliff geben. Die gesamte Reismischung auf diese Weise verarbeiten.

Etwas Sesamsaat auf einen Teller geben und die Bällchen nacheinander darin wälzen, bis sie rundum mit Sesam bedeckt sind. Servieren.

Hirse-Schüssel to go

Für 2 Personen

- 100 g Pekannusskerne
- 100 g Blumenkohlröschen
- 1 EL vegane Barbecue-Sauce
- 1 Handvoll Korianderkraut
- 1 Handvoll Minze, klein gehackt
- 1 Handvoll glatte Petersilie
- 100 g Kirschtomaten, halbiert
- ½ Gurke, entkernt und in dünne Scheiben geschnitten
- ¼ rote Zwiebel, in dünne Scheiben geschnitten
- 50 g getrocknete Maulbeeren
- Kerne von 1 Granatapfel
- 2 EL Kapern
- 2 EL abgeriebene Schale von 1 Limette
- 2–3 EL Wiesensauerampfer-Pesto (Seite 144, nach Belieben)

Für die Hirse
- 75 g Hirse
- 1 TL Fenchelsamen
- 1 EL natives Olivenöl extra
- 1 Prise Meersalzflocken

Zuerst die Hirse kochen. Dafür die Hirse mit den Fenchelsamen in einem Topf etwa 5 Minuten trocken rösten, bis sie goldgelb wird. Gut aufpassen, da sie leicht anbrennt. 175 ml Wasser und das Olivenöl zugießen. Mit den Meersalzflocken würzen und aufkochen. Bei schwacher Hitze noch 15 Minuten weiterköcheln lassen. Den Herd dann abschalten und den Topf etwa 10 Minuten stehen lassen. Die Hirse mit zwei Gabeln auflockern.

Inzwischen den Backofen- oder Küchengrill vorheizen.

Die Pekannusskerne in einer Grill- oder Bratpfanne bei mittlerer Hitze etwa 5 Minuten ohne Öl rösten oder bis sie aromatisch duften. Vom Herd nehmen und grob hacken, dann beiseitestellen.

Die Blumenkohlröschen in der Barbecue-Sauce wenden, auf einem Grillblech verteilen und 2–3 Minuten im Ofen oder auf dem Grill rösten.

Die Hirse in einer großen Schüssel anrichten und mit den Kräutern vermengen. Dann alle restlichen Zutaten – Blumenkohl, Tomaten, Gurke, Zwiebel, Pekannusskerne, Maulbeeren, Granatapfelkerne, und Kapern – untermischen und mit dem Limettenabrieb bestreuen. Nach Belieben etwas von dem Pesto darüberträufeln und genießen.

Sushi-Wrap

Ergibt 2 Wraps

- 2 Nori-Blätter
- 1 Handvoll grüner Salat, Grünkohl oder Spinat
- 185 g gekochte Quinoa
- 1 Avocado, geschält, entkernt, das Fleisch in dünne Scheiben geschnitten
- ½ Süßkartoffel, gebacken, geschält und in Streifen geschnitten
- ½ Mango, geschält und in dünne Scheiben geschnitten
- 2 EL Korianderkraut, gehackt
- 4–5 Schnittlauchhalme

Für die Würz-Mayonnaise
- 200 g Cashewkerne
- 3 Datteln, entsteint
- 2 EL Zitronensaft
- ½–1 EL veganes Sambal Oelek oder eine andere Chilipaste
- 1 Knoblauchzehe
- 1 TL Zwiebelpulver
- ½–1 TL Wasabipulver
- 1 Prise Meersalz
- frisch gemahlener schwarzer Pfeffer

Für den Rhabarber
- 2 Rhabarberstängen, in dünne Scheiben geschnitten
- 1 TL veganes Sambal Oelek
- 1 TL Kokospalmzucker
- 1 Prise Meersalzflocken

Mit diesem Rezept lassen sich Gemüsereste ausgezeichnet verwerten. Wenn Sie keine übrigen Süßkartoffeln haben, rösten Sie ein paar Karotten, oder verwenden Sie sie roh und sehr dünn geschnitten.

Für die Würz-Mayo die Cashewkerne in einer Schüssel mit Wasser übergießen und 2 Stunden einweichen. Die Kerne abgießen und das Wasser entsorgen.

Die Cashewkerne mit 100 ml Wasser in den Standmixer füllen, die restlichen Zutaten für die Mayonnaise hinzugeben und pürieren, bis alles gut zerkleinert und vermischt ist.

Für den Rhabarber die Scheiben mit Sambal Oelek, Kokospalmzucker und Meersalzflocken in einem Topf bei mittlerer Hitze dünsten, bis er goldgelb ist. Beiseitestellen.

Ein Nori-Blatt mit der glänzenden Seite nach oben auf eine Bambus-Sushimatte legen. Zwei Drittel des Blatts mit Salat belegen und ein Drittel vom unteren Ende der Sushi-Rolle (am rechten Rand) frei lassen, damit die Rolle geschlossen werden kann. Die Quinoa auf dem Salat verteilen und fest andrücken. Die Schicht sollte etwa ½ cm dick sein. Avocado, Süßkartoffel oder Karotten, Rhabarber und Mango in einer dünnen Linie quer auf der Mitte der Quinoa arrangieren. Korianderkraut und Schnittlauch darauflegen und etwas Würz-Mayonnaise darüber verteilen. Mithilfe der Matte vom zum Körper gerichteten Ende her aufrollen. Kurz bevor das Sushi fertig aufgerollt ist, den leeren Nori-Blattrand von rechts nach innen schlagen, damit die Füllung in der Rolle bleibt. Auf den Enden etwas Würz-Mayo verstreichen, um die Rolle zu versiegeln. Den Vorgang mit den restlichen Zutaten wiederholen.

Blumenkohl-Frikadellen

Für 4–6 Personen

- 1 Kopf Blumenkohl, in Röschen zerteilt
- 1 TL geräuchertes Paprikapulver
- 1 TL Thymian
- 1 EL natives Olivenöl extra
- 60 g gekochte Hirse
- 175 g gekochte Kichererbsen
- 60 g veganer Käse, Typ „Parmesan"
- 1 Handvoll Korianderkraut
- 3 Frühlingszwiebeln, gehackt
- 40 g Chiasamen, gemahlen
- 2 TL grüne Currypaste
- ½–1 TL Meersalzflocken
- ½ TL frisch gemahlener schwarzer Pfeffer

Zum Servieren
- Fermentierte Rote Bete (Seite 157)
- 1 Limette, geviertelt
- Kresse, zum Bestreuen

Den Ofen auf 200 °C (Umluft 180 °C) vorheizen. Zwei Backbleche mit Backpapier auslegen.

Den Blumenkohl auf den vorbereiteten Backblechen verteilen und mit dem Paprikapulver und Thymian bestreuen. Das Olivenöl darüberträufeln und im Ofen etwa 10 Minuten rösten, dann herausnehmen. Den Ofen nicht abschalten.

Die gekochte Hirse in den Standmixer füllen und mehrmals die Pulstaste bedienen, bis sie leicht klebrig wird. Alle restlichen Zutaten inklusive dem Blumenkohl zugeben und alles nochmals gemeinsam auf der Pulsstufe zerkleinern. Die Masse sollte zusammenhalten, aber nicht zermust sein; daher nicht zu oft die Pulstaste drücken.

Die Mischung mit sauberen Händen in etwa 8 mittelgroße Bälle teilen und mit der Handfläche flach drücken. Die Bratlinge auf das andere Backblech legen und im Ofen 8 Minuten backen. Wenden und nochmals 5 Minuten backen, bis sie auf beiden Seiten goldgelb sind.

Mit fermentierter Roter Bete und 1 Limettenschnitz servieren und mit Kresse bestreuen.

Tipp: Die Blumenkohl-Frikadellen schmecken auch köstlich mit Würz-Mayo (Seite 92) oder selbst gemachter Raita (Seite 44).

Grüntee-Ingwer-Limonade

Ergibt 1 Liter Limonade

- 1 l Mineralwasser
- 1 EL Zitronensaft
- 1 TL Matcha-Grüntee (Pulver)
- frische Thymianzweige, zum Servieren (nach Belieben)

Für den Ingwer-Shot
- 200 g frische Ingwerwurzel, geschält

Diese selbst gemachte Limonade ist unser Lieblings-Energiedrink, wenn wir uns konzentrieren und produktiv sein müssen. Der Grüntee schärft den Geist und hilft dabei, sich besser zu fokussieren. Außerdem ist diese Limonade zuckerfrei.

Für den Ingwer-Shot die Ingwerwurzel entsaften oder klein hacken und mit 1–2 Esslöffel Wasser mit dem Stabmixer glatt pürieren.

Das Mineralwasser in eine saubere Flasche füllen und den Ingwer-Shot mit Zitronensaft und Matcha-Grüntee-Pulver dazugeben. Vorsichtig umrühren und genießen.

Sommerrezepte und -aktivitäten

Färben mit Naturfarben

Wenn wir unseren Körper mit gesundem Essen gut behandeln und mit dem Kauf von Biolebensmitteln aus der Region für die Umwelt sorgen, inspiriert uns das dazu, dieses Gedankengut auch auf andere Bereiche zu übertragen. Eine Sache, die uns sehr viel Freude bereitet, ist, mit Pflanzen, Gewürzen und Lebensmitteln Stoffe zu färben. Die Idee, mit natürlichen, essbaren Dingen Textilien zu behandeln, die direkt auf unserer Haut liegen, gefällt uns sehr. Aus den gefärbten Stoffen lassen sich Kleidung, Geschirrtücher, Handtücher, Decken oder alles mögliche andere nähen. Aus Naturmaterialien kann eine ganze Palette an wunderbaren Farben entstehen.

Im Sommer haben wir eine bunte Vielfalt an Blumen und Kräutern im Garten, die wir für Färbeprojekte einsetzen können. Kapuzinerkresse (Tropaeolum majus) ist eine unserer Lieblingspflanze, die wir nicht nur zum Essen, sondern auch als Farbquelle anbauen. Rote-Bete-Saft und Gelbwurz färben schön intensiv; Zwiebel- und Granatapfelschale und Rhabarberblätter sind wunderbarer Lebensmittelabfall, der für Färbeprojekte geeignet ist. Im Grunde kann man das ganze Jahr über färben, aber im Sommer haben wir immer am meisten Lust dazu und lassen die Stoffe draußen auf der Leine in einer sanften Brise trocknen.

Stoff sommergelb färben

- 1 x 2 m gewaschener Baumwollstoff
- Hanfschnur
- 150 g frisch geriebene Kurkuma

Den Stoff spülen, ausdrücken und trocknen lassen. Nach Belieben den Stoff mit der Hanfschnur zusammenraffen und Batikringe abbinden – so viele wie gewünscht.

Die Kurkuma in ein Stück Käseleinen wickeln oder in einen Nussmilchbeutel geben. Einen 10-Liter-Topf zu zwei Dritteln voll Wasser füllen und die Kurkuma zugeben. Das Wasser zum Kochen bringen.

Sobald das Wasser sprudelnd kocht, den Stoff hineinlegen und 25 Minuten köcheln lassen. Hin und wieder mit einem Holzkochlöffel unter die Wasseroberfläche drücken, damit der ganze Stoff bedeckt ist. Den Herd ausschalten und den Topf 15 Minuten stehen lassen. Anschließend das Tuch gründlich mit kaltem Wasser spülen. Jetzt können Sie die Schnüre aufknoten und das Muster bewundern. Den Stoff auswringen und zum Trocknen aufhängen.

Auf kleinem Raum kompostieren

Kompostieren gehörte für Hildur und mich zum Alltag, als wir aufwuchsen. Für Großmutter Hildur und Großvater Eiríkur waren organische Küchenabfälle etwas sehr Wertvolles, weil sie sich ohne viel Zutun in fruchtbaren Gartenkompost verwandeln ließen. Wenn Sie einen Garten besitzen, werden Sie leicht ein Plätzchen für einen Kompostbehälter oder -haufen finden, aber auch drinnen lässt sich, wenn gewünscht, Erde aus Bioabfall selbst herstellen. Hier kommt eine Anleitung, wie man auch auf kleinem Raum kompostieren und dem Kreislauf des Lebens folgen kann.

Grundlagen des Kompostierens

- Kleinstlebewesen (Mikroben) und Würmer bauen Küchenabfälle und organisches Material ab. Sie sind die Grundlage des effektiven Kompostierens. Sie können Ihren Kompost aber noch mit Material von einem anderen aktiven Komposthaufen (der viele gute Bakterien enthält) „impfen", um den Abbau zu beschleunigen.

- Sehr wichtig ist es, den Mikroben den Zugang in das Kompostmaterial zu erleichtern, indem Sie alles in kleinere Stücke schneiden. Die Oberfläche wird so größer, die Zersetzung schreitet schneller voran.

- Regelmäßiges Mischen und Umrühren belüftet den Kompost und fördert die Zersetzung ebenfalls.

- Gleichmäßige Feuchtigkeit ist ausschlaggebend für einen gesunden Kompost. Zu nass = schlechter Geruch; zu trocken = langsamer Abbau. Einen trockenen Kompost also gießen und einen nassen Kompost mit Trockenmaterial auffüllen.

- Folgende Dinge können kompostiert werden: Alle Küchenabfälle aus dem Pflanzenreich (Fruchtschale, Gemüseabfälle, Reste, Kaffeesatz, Teebeutel). Eierschalen sind das Einzige aus dem Tierreich, das kompostiert werden sollte. Aus dem Garten kommen Blätter, Heu, kleine Äste und fast alle anderen Pflanzabfälle außer Unkräutern dazu.

- Diese Dinge dürfen nicht auf den Kompost: Essensreste tierischen Ursprungs (Fleisch, Knochen, Fisch, Milch und Milchprodukte), sie locken Ungeziefer und Ratten an. Außerdem können sie schlechte Gerüche verursachen sowie unerwünschte Mikroben förden.

- Steht der Kompost an einem sonnigen Standort, unterstützt dies die Zersetzung.

- Seien Sie mit Spaß dabei!

Anleitung zum Kompostieren

- 1 Plastikeimer/-wanne mit 5–10 l Fassungsvermögen
- 2 Deckel
- 1 Bohrmaschine mit 5-mm-Bohreinsatz
- „Impfmaterial" aus einem aktiven Komposthaufen (oder normale Gartenerde)
- 20–40 lebende Regenwürmer
- Trockenmaterial (trockene Blätter, Papierschnipsel, Holzspäne usw.)

Zunächst suchen Sie den Standort für den kleinen Kompostbehälter, z.B. einen Innenhof oder Balkon.

Mit dem Bohrer vorsichtig Luftlöcher in den Boden, die Seiten und in einen Deckel des Plastikbehälters bohren. Den unversehrten Deckel auf den Kompoststandort legen, den Behälter daraufstellen und etwas Erde, Würmer und Trockenmaterial hineinfüllen.

Jetzt können Sie bereits Lebensmittelreste zugeben. Diese unbedingt vorher klein schneiden.

Den Behälter täglich schütteln und den Inhalt durchmischen, um eine möglichst gleichmäßige Feuchtigkeit zu gewährleisten. Küchenabfälle geben Feuchtigkeit ab, Trockenmaterial nicht.

Beachten Sie die Tipps für einen gesunden Komposthaufen (links).

Ice Pops

Aus Resten von Smoothies und Saft lässt sich ganz einfach Eis am Stiel (Ice Pops) herstellen. So begannen vor vielen Jahren unsere ersten Ice-Pop-Experimente. Heute machen wir sie genauso gern komplett selbst. Wir Erwachsenen lieben diese erfrischende, gefrorene Näscherei genauso wie die Kinder – vor allem im Sommer. Für die Kleinen machen wir so gesunde Alternativen zu gekauftem Eis am Stiel, das meist mehr Zucker als nötig enthält. Für uns Erwachsene gibt es einen Extrakick dazu. Einige unserer liebsten Sorten enthalten Matcha-Tee oder kalten Kaffee.

Tofu-Schokoladen-Ice-Pops für Kinder

Ergibt 8 Ice Pops

- 100 g Seidentofu
- 1 Banane
- 2 EL rohes Kakaopulver
- 2 EL Kokospalmzucker
- 250 ml Mandelmilch

Alle Zutaten in den Standmixer füllen und cremig pürieren. In Ice-Pop-Förmchen füllen und für mindestens 4 Stunden ins Gefrierfach stellen.

Matcha-Kokoswasser-Ice-Pops für Erwachsene

Ergibt 6 Ice Pops

- 250 ml Kokoswasser
- 3 Kiwis, geschält
- 1 EL Süßungsmittel nach Wahl
- 1 TL Matcha-Grüntee (Pulver)

Alle Zutaten in den Standmixer füllen und cremig pürieren. In Ice-Pop-Förmchen füllen und mindestens 4 Stunden ins Gefrierfach stellen.

Adzuki-Mandel-Ice-Pops

Ergibt 10 Ice Pops

- 250 g Adzukibohnenpaste
  (Seite 210, die schwarzen Bohnen
  durch Adzukibohnen ersetzen)
- 250 ml Mandelmilch
- 1 EL Kokosöl
- 80 g Kokosnektar oder Ahornsirup
- 1 TL Zitronensaft
- 1 TL Vanillepulver
- 1 Prise Salz

Alle Zutaten in den Standmixer füllen und cremig pürieren. In Ice-Pop-Förmchen füllen und mindestens 4 Stunden ins Gefrierfach stellen.

Tipp: Die Bohnenpaste macht dieses Rezept schön cremig, doch Sie können auf Wunsch auch ganze Bohnen verwenden.

Picknick

An schönen Sommertagen sind Picknicks eine tolle Sache, um Zeit mit der Familie und mit Freunden zu verbringen. Genießen Sie das gute Essen, die frische Luft und den Sonnenschein. Wenn wir draußen essen, schmeckt alles anders, und in guter Gesellschaft ist das Essen sowieso noch besser. Wir nehmen gern kalte Speisen mit, im eigenen Garten oder Innenhof können Sie das Menü aber zum Teil auch heiß vom Grill servieren, wie die gegrillte Sauerteigpizza (Seite 118).

Tomatensalat mit Oliven und Physalis

Für 4 Personen

- 100 g Salatgurke, halbiert, entkernt und gewürfelt
- 250 g Kirschtomaten, halbiert
- 100 g sonnengetrocknete Tomaten in Öl, abgetropft
- 2 Avocados, geschält, halbiert, entkernt und gewürfelt
- 2 Selleriestangen, in sehr dünne Scheiben geschnitten
- 100 g sonnengetrocknete Oliven
- 100 g Physalis (Kapstachelbeeren)
- 50 g rohe Pinienkerne
- 1 Handvoll Basilikum, zerzupft
- 2–3 rote oder lila Grünkohlblätter, in Stücke zerzupft
- Saft von 1 Zitrone
- 1–2 EL natives Olivenöl extra
- 1 Prise Meersalz und frisch gemahlener schwarzer Pfeffer

Die Gurkenstücke mit den frischen und getrockneten Tomaten, Avocados, Sellerie, Oliven, Physalis, Pinienkernen, Basilikum und Grünkohl in eine große Servierschüssel geben und vermischen. Zitronensaft und Olivenöl darübergießen, mit Salz und Pfeffer würzen und unterheben.

Tipp: Nach Geschmack die Pinienkerne in einer Pfanne ohne Öl leicht rösten.

Grünkohl-Chips

Für 4 Personen

- 1 Bund Grünkohl, Stiele entfernt, die Blätter in mundgerechte Stücke zerzupft

Für das Dressing
- 150 g Cashewkerne
- Saft von 1 Limette
- 2 EL Nährhefeflocken
- 1 EL Zwiebelpulver
- 2 Datteln, klein gehackt
- 1 Knoblauchzehe
- ½ TL rote Chiliflocken
- ½ TL geräuchertes Paprikapulver

Für das Dressing alle Zutaten mit 4 Esslöffel Wasser in einen Hochleistungsmixer füllen und glatt pürieren. Falls die Mischung zu dick wird, etwas mehr Wasser hinzufügen.

Den Grünkohl in einer großen Schüssel mit dem Dressing übergießen. Mit den Händen unterheben, bis die Blätter gleichmäßig mit Dressing überzogen sind, und auf Dörrautomatblechen auslegen. Auf 46 °C etwa 4–6 Stunden dörren oder bis die Blätter knusprig sind.

Wenn Sie kein Rohköstler sind, die Grünkohlblätter alternativ auf einem Ofenblech ausbreiten und bei 140 °C (Umluft 120 °C) 25 Minuten backen, dabei etwa nach der Hälfte der Backzeit wenden. In einem luftdicht verschlossenen Behälter halten die Chips bis zu 4 Wochen.

Dinkel-Calzone mit Korianderkraut-Chutney

Für 4 Personen

Für die Füllung
- 200 g gebackene Süßkartoffeln
- 75 g Tofu
- 40 g Pekannusskerne, geröstet und gehackt
- 75 g Korianderkraut-Chutney
- 1 TL Cayennepfeffer
- Salz

Für das Korianderkraut-Chutney
- 15 g Korianderkrautblätter
- 5 g Minzeblätter
- 2-cm-Stück frische Ingwerwurzel, geschält und klein gehackt
- 1 grüne Chilischote, klein gehackt
- 1 EL Zitronensaft
- abgeriebene Schale von 1 Zitrone
- 70 g Kokosflocken, geröstet
- 1 Knoblauchzehe
- ½ TL gemahlener Kreuzkümmel
- 120 ml natives Olivenöl extra
- Meersalz

Für den Teig
- 450 g Dinkelmehl
- 1–2 TL aluminiumfreies Backpulver
- 1 TL Meersalzflocken
- 1 TL Knoblauchpulver
- 3 EL natives Olivenöl extra

Wenn Sie nicht vegan leben, können Sie den Tofu durch Feta- oder Ziegenkäse ersetzen.

Für die Füllung alle Zutaten in eine Schüssel geben und mit den Händen vermischen.

Für das Chutney alle Zutaten in die Küchenmaschine füllen und zu einer glatten Masse zerkleinern. In ein sterilisiertes Schraubglas füllen (Seite 22) und mit dem Deckel verschließen.

Den Ofen auf 200 °C (Umluft 180 °C) vorheizen.

Für den Teig Dinkelmehl, Backpulver, Meersalz und Knoblauchpulver in einer Schüssel mischen. Eine Mulde in die Mitte drücken und das Olivenöl hineingießen. Von innen nach außen verrühren. Langsam 325–350 ml Wasser zugießen, bis ein Teig entsteht. Zu einer Kugel formen, auf eine leicht bemehlte Arbeitsfläche legen und einige Minuten kneten. Der Teig ist fertig, wenn er sich wie Ihr Ohrläppchen anfühlt. Die Kugel in 4 etwa gleich große Portionen teilen.

Ein Blatt Backpapier auf die Arbeitsfläche legen, 1 Teigportion daraufsetzen und mit einer Teigrolle einen 2 mm dicken Kreisen ausrollen. Wir verwenden einen Dessertteller, um den Kreis abzumessen und darum herum auszuschneiden. Ein Viertel der Füllung auf einen Teigfladen setzen, die andere Teighälfte darüberklappen und die Ränder zusammendrücken. Die anderen Teigstücke und die übrige Füllung ebenso verarbeiten.

Die Calzone-Pizzen mit dem Papier auf ein Backblech legen und 10 Minuten backen oder bis sie goldgelb sind. Mit dem Chutney servieren.

Gegrillte Sauerteigpizza

Ergibt 2 mittelgroße Pizzen

- 100 g fertiger Sauerteigstarter (siehe unten)
- 100 g Joghurt mit Lebendkulturen oder veganer Joghurt
- 200 g feines Dinkelmehl, und etwas Dinkelmehl zum Bestäuben
- 1 TL Backpulver
- ¼ TL Meersalz
- 1 TL natives Olivenöl extra

Für den Belag
- 3 EL veganer Weichkäse
- 1 TL Trüffelöl
- ½ Zucchini, in dünne Scheiben geschnitten
- 2 EL Pinienkerne
- 10 Salbeiblätter

Für den Sauerteigstarter
- 100 ml aktiver Starter
- 60 g Biodinkel- oder Bioroggenmehl

Haben Sie schon einmal Pizza vom Grill probiert? Falls nicht, können Sie sich auf eine Leckerei gefasst machen. Der Holzkohlegrill dafür ähnelt einem Ziegelofen. Falls Sie so ein Modell nicht haben, können Sie einen Backofen mit Pizzastein verwenden. Heizen Sie dazu Ofen und Stein maximal auf, bevor Sie die Pizza backen. Sauerteig ist leichter verdaulich, aber Hefeteig geht auch.

Am einfachsten beginnen Sie das Backen mit Sauerteig mit einer kleinen Portion aktivem Starterteig von einem Freund oder aus einer guten Bäckerei. 100 ml davon in ein großes Schraubglas füllen. Den Starter mit 100 ml Wasser und 60 g Mehl füttern, umrühren und das Glas locker verschließen. An einem warmen Platz 12 Stunden ruhen lassen und dann den Starter nochmals mit der gleichen Menge Wasser und Mehl füttern. Er sollte jetzt Blasen werfen und ist einsatzbereit. Falls Sie ihn nicht sofort verwenden, den Teig in den Kühlschrank stellen und einen Tag vor Gebrauch herausnehmen, nochmal 20 g Mehl und 20 ml Wasser zugeben und umrühren.

Starter und Sauerteig in einer Schüssel mischen. Das Dinkelmehl mit Backpulver und Salz zugeben und alles zu einem weichen, nicht klebenden Teig rühren. Das Olivenöl zugeben und einige Minuten unterkneten. Wenn der Teig klebt, etwas mehr Mehl zugeben. Jeder Sauerteigstarter enthält unterschiedlich viel Wasser, sodass es gut ist, etwas mehr Mehl zur Hand zu haben. Den Teig in einen luftdichten Behälter legen und an einem warmen Ort 2–4 Stunden gehen lassen. Er sollte danach doppelt so groß und luftig sein.

Einen Pizzastein auf dem Grill aufheizen und den Teig halbieren. Mit einer Teigrolle 2 Pizzaböden im Durchmesser von 23 cm ausrollen.

Für den Belag Käse und Öl in einer Schüssel vermengen und auf den Teigböden verteilen. Zucchini, Pinienkerne und Salbeiblätter darüberstreuen. Die Pizzen auf den heißen Stein legen (am einfachsten mit einem Pizzaschieber) und beides in den Grill stellen. 5–8 Minuten backen.

Skyr mit Kokos und Beeren-marmelade

Für 4 Personen

- 90 g Heidelbeermarmelade
- 300 g pflanzlicher Skyr (alternativ fester griechischer Joghurt oder veganer Joghurt)
- 4 EL Kokosflocken, geröstet
- 50 g frische Heidelbeeren
- 1 Prise gemahlener Kardamom

Skyr ist ein isländischer, sehr dickflüssiger Joghurt. In diesem Rezept können Sie ihn nach Belieben durch festen griechischen oder veganen Joghurt ersetzen, falls er gerade nicht erhältlich ist.

Je 1 Esslöffel Heidelbeermarmelade in vier kleine Marmeladengläser (à 120 ml) geben, je 2 Esslöffel Skyr daraufschichten, noch 1 Esslöffel Marmelade und wieder 2 Esslöffel Skyr. Mit 1 Esslöffel Kokos-flocken sowie frischen Heidelbeeren toppen und mit 1 Prise Kardamom bestreuen. Direkt aus dem Glas genießen!

Rosa Limonade

Für 4 Personen

- 2 EL Ingwer-Shot (Seite 96)
- 1 EL Limettensaft
- 1 EL Rote-Bete-Saft
- 1 EL Chiasamen
- ¼ TL Cayennepfeffer
- 1 EL Kokosnektar, Ahornsirup oder ein Süßungsmittel der Wahl
- 10 Minzeblätter
- 500 ml Mineralwasser mit Kohlensäure

Alle Zutaten in eine saubere Kanne, einen Krug oder in eine sterilisierte Glasflasche (Seite 22) füllen und mit dem Mineralwasser aufgießen.

Das Mittagessen

Kleine Wunder in Suppenschalen

—

Herbstrezepte und -aktivitäten

Wir lieben es, wenn köstliche sättigende Mahlzeiten in Suppenschalen serviert werden. Das ist immer etwas anderes, als vom Teller zu essen. Die warme Schüssel in der Hand zu halten und die Aromen mit allen Sinnen zu genießen hat einfach etwas Gemütliches und Beruhigendes und hilft dabei, den Alltagsstress für eine kurze Zeit zu vergessen. Stellen Sie sicher, dass die Gerichte viel Eiweiß, qualitativ hochwertige Kohlenhydrate, Gemüse und vielleicht etwas Obst enthalten. Toppen Sie das Ganze mit einem richtig guten Dressing. Letzteres ist die Schlüsselzutat für großartigen Geschmack.

Bei der Zubereitung von Dressing sind drei Dinge wichtig: Säure, Aroma und Kräuter. Die Säure wählen Sie aus Zitrone, Limette, Orange, Grapefruit, Apfelweinessig, Weißweinessig, Rotweinessig, Reisessig oder Balsamessig. Als Nächstes kommt das Aroma: Miso, Räucherchili oder normale Chili, Senf, Kapern, Knoblauch, Ingwer, Tamari, Gewürze, vegetarischer „Parmesan" oder Nährhefe. Alternativ geht es natürlich auch süß mit Honig, Datteln, Ahornsirup, Rosinen, Beeren oder anderen Früchten. Zum Schluss, wenn gewünscht, die Kräuter: Korianderkraut, Minze, Petersilie, Dill, Rosmarin, Schnittlauch oder Frühlingszwiebeln. Auf Seite 122 zeige ich Ihnen drei Dressings, die jede Suppenschalenmahlzeit zum Highlight machen.

Eine derart nährstoffreiche, ausgeglichene Mahlzeit wird Ihnen so schmecken, dass Sie den restlichen Tag gar nicht mehr naschen müssen.

Mango-Kräuter-Dressing

   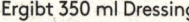

Ergibt 350 ml Dressing

- 150 g Mangowürfel
- 60 ml Limettensaft
- 10 g Korianderkraut
- 2 EL Minze
- 2 EL Basilikum
- 2 EL natives Olivenöl extra
- 1–2 Datteln, entsteint
- 1 TL Salz
- ¾ TL fein gehackter Schnittlauch

Alle Zutaten in den Standmixer füllen und gründlich pürieren. In ein sauberes Schraubglas umfüllen und bis zur Verwendung im Kühlschrank aufbewahren.

Orangen-Ahornsirup-Senf-Dressing

   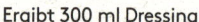

Ergibt 300 ml Dressing

- 120 ml natives Olivenöl extra
- 60 ml Balsamessig
- 60 ml Orangensaft
- 2 EL frisches Basilikum
- 2 EL Senf
- 2 EL Ahornsirup oder Kokosnektar
- Meersalz
- Chilischoten, gehackt (nach Belieben)

Alle Zutaten in den Standmixer füllen und gründlich pürieren. In ein sauberes Schraubglas umfüllen und bis zur Verwendung im Kühlschrank aufbewahren.

Asiatisches Cashew-Dressing

Ergibt 450 ml Dressing

- 150 g Cashewkerne
- 75 ml natives Olivenöl extra
- 1 EL Apfelweinessig
- 3 EL Kokosnektar oder Ahornsirup
- 3 EL Zitronensaft
- 1 EL Zwiebelpulver
- 1 EL veganes Sambal Oelek
- 1 Knoblauchzehe
- 1 TL Dill
- Meersalz und frisch gemahlener schwarzer Pfeffer

Die Cashewkerne in einer Schüssel mit Wasser bedecken und mindestens 2 Stunden einweichen. Abgießen, das Einweichwasser entsorgen.

Die Cashewkerne mit den restlichen Zutaten und 150 ml Wasser in den Standmixer füllen und gründlich pürieren. In ein sauberes Schraubglas füllen und bis zur Verwendung im Kühlschrank aufbewahren.

Quinoa-Amarant-Schüssel mit Bohnen und Grünkohl

Für 2 Personen

- 1 Süßkartoffel, geschält und gewürfelt
- Salz und frisch gemahlener schwarzer Pfeffer
- 1–2 TL Kokosöl
- 120 g Rosenkohl
- 75 g Quinoa
- 95 g Amarantsamen
- 5 Kardamomkapseln
- 2 Sternanis
- 1 TL rote Chiliflocken
- ½ TL Meersalzflocken
- 350 ml Rote-Bete-Saft
- 35 g Grünkohlblätter (etwa 4 große Blätter), gehackt
- 50 g schwarze Bohnen, gekocht
- 3 Feigen, geviertelt
- 1 Avocado, geschält, entkernt und gewürfelt
- 10 Mandelkerne, in der Pfanne trocken geröstet

Für den Kräuterpesto
- 75 g Cashewkerne, geröstet
- 20 g Korianderkraut
- 5 g Basilikumblätter
- 5 g Minzeblätter
- 2 EL Zitronensaft
- 1 Knoblauchzehe
- 1–2 Medjool-Datteln, entsteint (nach Belieben)
- 1 TL rote Chiliflocken
- ½ TL Meersalzflocken
- 120 ml natives Olivenöl extra

Den Ofen auf 170 °C (Umluft 150 °C) vorheizen und ein Ofenblech mit Backpapier auslegen.

Die Süßkartoffelwürfel auf dem Ofenblech verteilen und mit Salz und Pfeffer würzen. Das Kokosöl und 1–2 Esslöffel Wasser darübersprenkeln, dann 20–25 Minuten backen. Nach 15 Minuten den Rosenkohl dazugeben.

Quinoa und Amarant mit Kardamom, Sternanis, den roten Chiliflocken und dem Meersalz in einen Topf füllen. Den Rote-Bete-Saft dazugießen und aufkochen. Die Hitze reduzieren und die Mischung 18–20 Minuten köcheln lassen, bis sie gar ist. Den Herd ausschalten, den Deckel aufsetzen und noch 5 Minuten ziehen lassen.

Für das Kräuter-Pesto alle Zutaten in den Standmixer füllen und cremig pürieren. In ein Schraubglas oder eine Schüssel umfüllen, verschließen oder abdecken und beiseitestellen.

Zum Servieren die Quinoa und den Amarant auf zwei Suppenschalen verteilen. Die restlichen Zutaten darüber verteilen und jeweils mit 1 Esslöffel Kräuterpesto garnieren.

Tipp: Es ist leichter, das Rezept mit fertig gekochten Bohnen zuzubereiten. Wenn Sie Zeit haben, können Sie die Bohnen aber auch selbst kochen. Die getrockneten Bohnen über Nacht in Wasser einweichen. Am nächsten Tag abgießen, spülen und in einem Topf mit frischem Wasser bedecken. Bei starker Hitze aufkochen und ca. 10 Minuten sprudelnd kochen. Den Schaum abschöpfen. Die Hitze reduzieren und die Bohnen etwa 1 Stunde köcheln lassen, bis sie weich sind. Abgießen und beiseitestellen.

Schüsselmahlzeit mit Baked Beans

Für 2 Personen

- 1 EL Fenchelsamen
- 3 Rote-Bete-Knollen, geschält und gewürfelt
- 1 TL Meersalzflocken
- 1 EL Kokosöl
- ½ Kopf Brokkoli, in Röschen zerteilt
- 2–3 Grünkohlblätter, Stiele entfernt, Blätter klein gehackt
- 2 EL natives Olivenöl extra
- 2 EL Zitronensaft
- 2 TL geriebene frische Ingwerwurzel
- 1 TL Sesamöl, geröstet
- 1 Avocado, geschält, entkernt und gewürfelt
- 50 g Ziegenweichkäse, weicher veganer Käse oder Tofu, zerkrümelt
- 50 g Walnusskerne, geröstet
- 3 Kumquats, in dünne Scheiben geschnitten
- 2 EL Hanfsamen

Für die Hirse
- 65 g Hirsekörner
- 1 TL Fenchelsamen
- ¼ TL Meersalzflocken
- 1 EL natives Olivenöl extra

Zum Garnieren
- natives Olivenöl extra
- Balsamessig
- Meersalzflocken

Zunächst die Hirse garen. Dafür Hirsekörner und Fenchelsamen in einem Topf bei mittlerer Hitze 5 Minuten ohne Fett goldgelb rösten. Aufpassen, dass die Körner nicht anbrennen. 150 ml Wasser zugießen und die Meersalzflocken mit dem Olivenöl zugeben. Umrühren und aufkochen. Die Hirse bei reduzierter Hitze 15 Minuten gar köcheln. Den Herd ausschalten, den Topf zudecken und etwa 10 Minuten stehen lassen. Die Hirse mit zwei Gabeln auflockern.

Den Ofen auf 180 °C (Umluft 160 °C) vorheizen.

Die Fenchelsamen mit 1 Esslöffel Wasser in einer kleinen Schüssel verrühren. Die Rote-Bete-Würfel auf ein Backblech legen, mit Meersalz, der Fenchel-Wasser-Mischung sowie dem Kokosöl besprenkeln. Im Ofen etwa 30 Minuten backen.

Brokkoli und Grünkohl in eine Schüssel geben. Das Olivenöl mit Zitronensaft, Ingwer und Sesamöl in einer kleinen Schüssel verrühren, dann über das Gemüse gießen. Mit den Händen das Dressing in das Gemüse reiben, sodass es rundum bedeckt ist.

Die fertige Hirse auf zwei Schalen verteilen und die Rote-Bete-Würfel, den Brokkoli und den Grünkohl mit den restlichen Zutaten darüber verteilen. Mit Olivenöl und Balsamessig besprenkeln und mit Meersalzflocken bestreuen. Guten Appetit!

Tipp: Wer sich vegan oder milchfrei ernährt, ersetzt den Ziegenkäse durch Tofu oder veganen Käse.

Linsensalat mit Rosenkohl und würzigen Pekannüssen

Für 4–6 Personen

- 1 Aubergine, längs geviertelt und in 2 cm große Stücke geschnitten
- 200 g Rosenkohl, die einzelnen Kohlköpfchen halbiert
- 3 EL natives Olivenöl extra
- 5 Knoblauchzehen, klein gehackt
- 1 TL Paprikapulver
- 1 TL Meersalzflocken
- frisch gemahlener schwarzer Pfeffer
- 1 Mango, geschält, vom Stein geschnitten und gewürfelt
- 2 Avocados, geschält, halbiert, entkernt und gewürfelt
- 45 g getrocknete Maulbeeren
- 10 Himbeeren
- 1 Handvoll frische Kräuter, wie Korianderkraut, Basilikum, Minze oder Petersilie, fein gehackt (2 Sorten wählen)
- Sprossen, zum Garnieren (nach Belieben)

Für die grünen Linsen
- 75 g Puy-Linsen (grüne französische Linsen; siehe Tipp)
- 1 Zweig Rosmarin
- 2 Knoblauchzehen
- 2,5 cm frische rote Chilischote
- Meersalzflocken
- ¼ TL Backpulver

Für die würzigen Pekannusskerne
- 50 g Pekannusskerne
- 1 EL Kokosnektar oder Ahornsirup
- 1 TL rote Chiliflocken
- 1 Prise Meersalz

Für das Dressing
- 60 ml natives Olivenöl extra
- 1 TL Meerrettich
- 1 EL Kapern
- Saft von 1 Orange
- 1 Medjool-Dattel, entsteint und klein gehackt
- 1 Prise Meersalzflocken

Bohnen und Linsen sind eine sehr gute Quelle für pflanzliches Eiweiß. Außerdem sind sie günstig und unkompliziert in der Zubereitung, was sie perfekt für Salate macht. Für diesen köstlichen Salat haben wir französische grüne (Puy-)Linsen verwendet. Man muss sie zwar nicht unbedingt über Nacht einweichen, doch wir machen das trotzdem, weil sie dann leichter verdaulich sind.

Den Ofen auf 200 °C (Umluft 180 °C) vorheizen. Zuerst die Linsen mit den restlichen Zutaten und 500 ml Wasser in einen Topf geben und bei starker Hitze aufkochen. Die Hitze reduzieren und die Linsen etwa 20 Minuten köcheln lassen. Den Herd ausschalten und die Linsen noch etwa 5 Minuten ziehen lassen, dann abgießen. Beiseitestellen.

Ein Backblech mit Backpapier belegen. Die Aubergine und den Rosenkohl darauflegen, mit Olivenöl besprenkeln und mit Knoblauch, Paprika, Salz und dem Pfeffer würzen. Im Ofen 15 Minuten rösten.

Inzwischen die würzigen Nüsse zubereiten. Dafür die Pekannüsse in einen Topf geben, Kokosnektar oder Ahornsirup dazugeben, die Chiliflocken mit dem Salz unterheben und die Nusskerne bei mittlerer Hitze 5–7 Minuten rösten. Dabei darauf achten, dass sie nicht zu dunkel werden. Vom Herd nehmen und beiseitestellen.

Für das Dressing alle Zutaten im Standmixer cremig pürieren. Alternativ die Zutaten in ein sauberes Schraubglas füllen, verschließen und schütteln, bis alles gut vermischt ist.

Zum Servieren die Salatzutaten in eine große Schüssel füllen, vermischen und schön anrichten. Mit dem Dressing übergießen und, falls verwendet, mit den Sprossen garnieren und genießen.

Tipp: Wenn Sie die Linsen vor dem Kochen einweichen wollen, in einer Schüssel mit Wasser bedecken und 1–2 Stunden quellen lassen. Abgießen und das Wasser entsorgen.

Thailändischer Kohlsalat

Für 4–6 Personen als Beilage

- ½ kleiner Kopf Rotkohl (etwa 250 g), in dünne Streifen geschnitten
- 2 Karotten, in dünne Streifen geschnitten (mit dem Sparschäler)
- 1 rote Gemüsepaprika, in dünne Streifen geschnitten
- 1 Selleriestange, in dünne Streifen geschnitten
- 2–3 Frühlingszwiebeln, in schmale Ringe geschnitten
- 1 Handvoll Sprossen
- 250 g Ananas, geschält, Strunk entfernt und in kleine Stücke geschnitten
- 1 Handvoll Korianderkraut, klein gehackt
- ¼ Handvoll Minze, klein gehackt
- ¼ Handvoll Basilikum, klein gehackt
- 1 EL schwarze Sesamsaat

Für das Dressing
- 120 g Mandelmus
- 60 ml Limettensaft
- 1 Knoblauchzehe
- 1 Kaffirlimettenblatt
- ½ TL Currypulver
- ½ TL Meersalzflocken
- ¼ TL gemahlener Kreuzkümmel
- 1 Prise Cayennepfeffer
- 2 EL klein gehacktes Korianderkraut

Dieses Gericht wird besonders aromatisch, wenn die Zutaten möglichst dünn geschnitten sind, sodass sie das Dressing aufsaugen. Ein Gemüsehobel ist perfekt dafür, doch es geht auch ohne: Verwenden Sie stattdessen einen Sparschäler. Wenn wir Zeit haben, reiben wir die Kohl- und Karottenstreifen gründlich mit Zitronensaft und Olivenöl ein, bevor wir die Salatzutaten mischen. Für eine nussfreie Variante verwenden Sie Tahini anstelle von Mandelmus.

Für das Dressing alle Zutaten außer dem Korianderkraut mit 120 ml Wasser in den Standmixer füllen und cremig pürieren. Das Korianderkraut zugeben und ein paar Minuten mitzerkleinern. Bis zur Verwendung beiseitestellen.

Gemüse, Ananas und Kräuter in einer Schüssel vermischen. Das Dressing über den Salat gießen und mit den Händen in das Gemüse einarbeiten, sodass es gut damit überzogen ist. Servieren.

Bunter Rohe-Rüben-Salat

  GF **MF** **V** **R**

Für 4–6 Personen

- 300 g Rotkohl, in feine Streifen geschnitten
- 2 Karotten, in feine Scheiben geschnitten
- 1 Zucchini, in feine Scheiben geschnitten
- 5 Radieschen, in feine Scheiben geschnitten
- 1 Gelbe-Bete-Knolle, in feine Scheiben geschnitten
- 1 Bunte- oder Rote-Bete-Knolle, in feinen Scheiben
- 1 Birne, halbiert, Kerngehäuse entfernt, in feine Scheiben geschnitten
- Kerne von 1 Granatapfel
- 50 g Pistazien
- 10 getrocknete Physalis (Kapstachelbeeren)
- 4 EL fein gehackte grüne Kräuter, wie Korianderkraut, Minze, Basilikum und Petersilie

Für das Dressing
- 50 ml kalt gepresstes Walnussöl oder natives Olivenöl extra
- 3 EL Zitronensaft
- 3 EL Mandarinen- oder Orangensaft
- 1 EL Reisessig (oder Lieblingsessig)
- 1 TL Ras-el-Hanout-Würzmischung
- 1 TL Zwiebelpulver
- ½ TL Meersalz

Wenn wir schönes Essen betrachten, wecken wir unser Verdauungssystem, sodass man sagen könnte, wir essen mit den Augen. Dieser Salat ist definitiv ein Augenschmaus. Hildur und ich schneiden die Bete-Knollen gern sehr fein auf, vorzugsweise mit einem Gemüsehobel oder dem Sparschäler. Das Gemüse wird noch geschmackvoller und weicher, wenn man es eine Weile im Dressing mariniert.

Für das Dressing alle Zutaten in ein sauberes Schraubglas füllen, den Deckel verschließen und schütteln. Beiseitestellen.

Den vorbereiteten Rotkohl, die Karotten-, Zucchini-, Radieschenscheiben sowie die vorbereitete Gelbe und Rote Bete in eine Schüssel geben. Das Dressing darübergießen und mit den Fingern in das Gemüse einmassieren. 15–20 Minuten marinieren.

Vor dem Servieren das Gemüse in eine Servierschale umfüllen. Die restlichen Zutaten darauf verteilen, unterheben und genießen.

Die Aromen Asiens in einer Kelpnudelsuppe

Für 3–4 Personen

Für die Suppe
- 250 g Kelpnudeln
- 300 g Pflaumentomaten, grob gehackt
- 2 rote Gemüsepaprika, klein geschnitten
- 1 Dose (400 ml) Kokosmilch
- 400 ml Gemüsebrühe oder -fond
- 1 EL Tamari

Für die Würzpaste
- 1 TL Koriandersamen
- 25 g frische Ingwerwurzel, geschält
- 5 g frische Galgantwurzel, geschält
- 5 Kaffirlimettenblätter
- 2 rote Chilischoten, entkernt
- 2 Knoblauchzehen
- 1 Stängel Limettengras, geputzt, die äußeren Blätter entfernt und klein gehackt
- 1 TL Tamarindenpaste
- 10 Korianderkrautzweige
- 3 EL Kokosöl
- 1 TL Sesamöl, geröstet

Als Toppings
- 1 EL gehackte Minze
- 1 EL gehacktes Korianderkraut
- 1 EL Thaibasilikum
- 1 Stück rote Chilischote, ca. 2,5 cm, in schmale Ringe geschnitten
- 1 Frühlingszwiebel, in schmale Ringe geschnitten
- 1 kleine Karotte, in schmale Streifen geschnitten
- Grünkohl-Chips (Seite 114),
- 2 EL Kokosflocken, geröstet
- 1 Limette, geviertelt (nach Belieben)

Die Kelpnudeln in eine Schüssel geben und mit Wasser bedecken. 20 Minuten einweichen. Abgießen und die Nudeln mit Küchenpapier trocken tupfen. Beiseitestellen.

Für die Paste die Koriandersamen bei kleiner Hitze in einer Pfanne 2–3 Minuten ohne Fett rösten. In der Gewürzmühle mahlen oder im Mörser zerstoßen. Mit den anderen Zutaten für die Würzpaste in die Küchenmaschine füllen und pürieren.

Die Würzpaste in einem Topf bei mittlerer Hitze etwa 1 Minute anrösten, bis sie aromatisch duftet. Die Tomaten und Paprika unterrühren und 5 Minuten dünsten.

Kokosmilch, Brühe und Tamari dazugeben und aufkochen. Die Hitze reduzieren und 4 Minuten köcheln. Die Kelpnudeln auf vier Suppenschalen verteilen. Die Suppe über die Nudeln gießen, die Toppingzutaten darüber verteilen und nach Geschmack die Limettenviertel in die Suppe auspressen. Guten Appetit!

Tipp: Wenn Sie keinen Galgant bekommen, erhöhen Sie die Ingwermenge etwas. Die Toppings verleihen der Suppe Biss und Aroma. Sie müssen nicht alle verwenden, wählen Sie sie nach Geschmack aus.

Isländisches Kimchi

Ergibt etwa 1 kg Kimchi

- ½ kleiner Kopf Rotkohl, in sehr feine Streifen geschnitten
- 1 rote Paprika, in feine Streifen geschnitten
- 4 Rettiche, in feine Streifen geschnitten
- 2 Karotten, in feine Streifen geschnitten
- ½ Kopf Blumenkohl, in mundgerechte Stücke geschnitten
- 3 EL Meersalzflocken

Für die Vinaigrette
- 250 ml Apfelweinessig
- 1 EL Tamari
- 1 EL Kokospalmzucker
- 2 EL Ingwer-Shot (Seite 96)
- 6 Knoblauchzehen
- 3 EL Chilipaste

Wir wuchsen mit fermentiertem Gemüse als Beilage zu fast jeder Mahlzeit auf. Es bereichert nicht nur mit zusätzlichem Aroma, sondern ist auch sehr nährstoffreich und unterstützt die Verdauung. Die meisten Kulturen haben hierfür ein eigenes Rezept. In Korea ist Kimchi landestypisch. Wir haben unsere eigene Variante mit dem Gemüse aus unserem Garten und Gewächshaus kreiert, die auch nicht ganz so scharf ist.

Das Gemüse in eine säurefeste Schüssel geben. Mit den Meersalzflocken bestreuen und gut vermengen. Mit einem sauberen Küchentuch abdecken und bei Raumtemperatur 4–6 Stunden ziehen lassen. Dabei öfter umrühren.

Das Salz mit kaltem Wasser abspülen, das Gemüse mit Küchenpapier oder einem sauberen Küchentuch trocken tupfen. Dann in eine Schüssel füllen.

Die Zutaten für die Vinaigrette in ein Schraubglas füllen, dieses gut verschließen und kräftig schütteln, bis alles vermischt ist.

Die Vinaigrette über das Gemüse gießen und das Kimchi abgedeckt bei Raumtemperatur 2–4 Stunden oder über Nacht marinieren. Wenn gewünscht, kann es auch 2–3 Tage marinieren – je länger, desto kräftiger der Geschmack.

Das Kimchi in sterilisierte Schraubgläser abfüllen und im Kühlschrank oder an einem kühlen Ort lagern. Im Kühlschrank hält es bis zu 2 Wochen.

Suppe mit Roter Bete & Süßkartoffeln

Für 4 Personen

- 1 EL natives Olivenöl extra
- 1 Zwiebel, in feine Scheiben geschnitten
- 2 TL gemahlener Kreuzkümmel
- ¾ TL gemahlene Kurkuma
- ½–1 TL Salz
- ¼ TL Cayennepfeffer
- 3 Rote-Bete-Knollen, geschält und in kleine Stücke geschnitten
- 1 Süßkartoffel, geschält und in kleine Stücke geschnitten
- 1 Dose (400 ml) Kokosmilch

Zum Garnieren
- natives Olivenöl extra, zum Beträufeln
- 4 EL saure Cashew-„Sahne" (Seite 170, nach Belieben)
- 4 EL Kokosflocken, geröstet (nach Belieben)
- 2 EL fein gehackte Petersilie (nach Belieben)

Es kann trickreich sein, Rote Bete zuzubereiten, ohne dass ihr erdiges Aroma zu stark hervortritt. Die Gewürze, die wir für diese Suppe verwenden, sind Zauberei: Kreuzkümmel und Kurkuma zusammen mit Roten Beten und Süßkartoffeln schmecken himmlisch. Mit etwas mehr Wasser verdünnt, ist die Suppe auch Teil unserer Zwei-Tage-Detox-Kur (Seite 70).

Das Öl bei geringer Hitze in einem Topf erwärmen und die Zwiebelscheiben darin in etwa 10 Minuten weich dünsten. Dabei aufpassen, dass sie nicht anbrennen. Die Gewürze und die restlichen Zutaten unterrühren. 600 ml Wasser angießen, aufkochen und bei mittlerer Hitze etwa 45–60 Minuten kochen, bis die Roten Beten weich sind. Alles in den Standmixer umfüllen und glatt pürieren, alternativ einen Stabmixer verwenden.

Die Suppe auf vier Suppenschalen verteilen und mit Olivenöl beträufeln. Nach Belieben saure Cashew-„Sahne", Kokosflocken und Petersilie darübergeben.

Suppe aus Kokosnüssen

Für 3–4 Personen

Für die Suppe
- 2 junge Kokosnüsse (Kokoswasser und -fleisch) oder 2 Dosen (à 400 g) Kokosmilch
- 2 Kaffirlimettenblätter
- 1 Stück Zitronengras, ca. 10 cm, die äußere Schicht entfernt, klein gehackt
- 2 Knoblauchzehen
- 1 EL sehr fein gehackte frische Ingwerwurzel
- 1 TL sehr fein gehackte frische Galgantwurzel (nach Belieben)
- 1 ganze Limette, geschält
- 1 TL Meersalzflocken
- 1 TL Thai-Currypaste
- 1 Prise Cayennepfeffer

Zum Garnieren
- 2 Karotten, in feine Streifen geschnitten
- 2 Frühlingszwiebeln, in sehr feine Ringe geschnitten
- 1 Handvoll Zuckerschoten, in feine Streifen geschnitten
- 1 Avocado, geschält, halbiert, entkernt und gewürfelt
- ½ rote Paprika, gewürfelt
- frische Kräuter, wie Minze, Korianderkraut und Basilikum, fein gehackt

Alle Zutaten für die Suppe in den Standmixer füllen und cremig pürieren. Die Suppe auf Suppenschalen verteilen und mit 1 Handvoll Gemüse und Kräutern garnieren.

Tipp: Sie können fertige Currypaste oder die Würzpaste aus dem Rezept „Die Aromen Asiens in einer Kelpnudelsuppe" von Seite 134 verwenden.

Alles-aus-dem-Garten-Suppe

Für 4 Personen

- 2 EL natives Olivenöl extra
- 200 g Lauch, klein gehackt
- 2 Knoblauchzehen
- ½ TL geräuchertes Paprikapulver
- 2 EL getrocknete Suppenkräuter oder 1 Brühwürfel
- 100 g Gerste
- 2 Karotten, klein gehackt
- 200 g Knollensellerie, gewürfelt
- 200 g Kartoffeln, gewürfelt
- 200 g Speiserüben, gewürfelt
- ½ kleiner Kopf Weißkohl (200 g), klein gehackt
- 4 Tomaten, geviertelt
- 2 Rosmarinzweige
- 750 ml Gemüsebrühe (-fond)
- Korianderkraut und glatte Petersilie, zum Bestreuen
- Wiesensauerampfer-Pesto, zum Servieren (Seite 144; nach Belieben)

Eine der großen Freuden des Herbstes ist das Aroma von selbst gezogenem Gemüse, das in einem großen Topf für eine nahrhafte Suppe vor sich hin kocht. Nach dem ganzen Unkrautjäten, Schneckensammeln und hingebungsvollen Gießen ist es wundervoll, das, was gewachsen ist, zu ernten. Und wenn einen der grüne Daumen doch einmal im Stich gelassen hat, so kann man immer noch die große Bandbreite frischer Gemüsesorten vom Markt genießen. Sollten Sie Wiesensauerampfer-Pesto zur Hand haben, können Sie dieses ebenfalls in die Suppe geben.

Das Olivenöl in einem großen Suppentopf bei mittlerer Hitze erwärmen. Lauch und Knoblauch hineingeben und 2–3 Minuten dünsten, bis beides weich wird. Das Paprikapulver mit Suppengewürzen und Gerste einrühren und 4 Minuten anrösten. Dabei öfter umrühren. Nun Karotten, Knollensellerie, Kartoffeln, Steckrüben, Weißkohl, Tomaten und Rosmarin zugeben und weitere 2–3 Minuten garen, dann die Brühe angießen. Noch etwa 25 Minuten kochen, bis das Gemüse weich ist.

Die Suppe in Schalen füllen, mit Korianderkraut und glatter Petersilie bestreuen und nach Belieben mit dem Pesto servieren.

Wiesensauerampfer-Pesto

Ergibt 175 ml Pesto

- 50 g Wiesensauerampfer (oder Basilikum, falls Wiesensauerampfer nicht verfügbar ist)
- 30 g Cashewkerne, geröstet
- 1 Knoblauchzehe
- ½–1 TL Meersalz
- 1 TL Zitronensaft
- 100 ml natives Olivenöl extra

Sauerampfer ist eine Wiesenblattpflanze, die in Island, aber auch in Deutschland wild wächst. Er ähnelt Spinat, schmeckt aber unverkennbar einzigartig. Sein Aroma ist süßlich sauer, und Kinder lieben ihn. Ich erinnere mich gern daran, wie ich als Kind beim Spielen Wiesensauerampfer pflückte und direkt in den Mund steckte. Sie können ihn gut als Pastasauce oder Aufstrich verwenden.

Alle Zutaten außer dem Olivenöl in den Standmixer füllen und gründlich zerkleinern, alternativ im Mörser mit dem Stößel zerdrücken.

In eine Schüssel umfüllen und das Olivenöl unterrühren. In einem luftdichten Behälter im Kühlschrank hält das Pesto bis zu 10 Tage.

Herbstrezepte und -aktivitäten

Wildbeeren pflücken

Im Spätsommer und Frühherbst fahren viele Isländer aufs Land, um in den Hügeln Heidelbeeren und die ihnen ähnlichen schwarzen Krähenbeeren zu sammeln. In den folgenden Wochen ist die ganze Nation mit der Herstellung von Krähenbeerensaft, Heidelbeermarmelade und -kuchen beschäftigt und damit, die Wildbeeren für den Winter einzufrieren. All das ist ein Teil der isländischen Kultur und eine tolle Gelegenheit, um mit Familie und Freunden Zeit in der Natur zu verbringen. Ich denke gern daran, wie ich nach so einem Tag müde, aber glücklich heimkomme, mit einer lila Zunge und Gläsern voller Wildbeeren in den Händen. Gibt es etwas Schöneres?

Wildbeerenmarmelade

Ergibt 1,2 kg Marmelade,
für 4 Schraubgläser à 300 g

- 600 g Heidelbeeren
- 50 g getrocknete Maulbeeren oder Medjool-Datteln
- 2–4 EL Kokospalmzucker
- 3 EL Zitronensaft
- 5-cm-Stück frische Ingwerwurzel, geschält
- 1–2 TL Vanillepulver
- 1 TL gemahlener Zimt
- 1 TL gemahlene Kurkuma
- ¼ TL Cayennepfeffer
- 1 Prise Meersalzflocken
- 2 EL gemahlene Chiasamen

Wählen Sie für dieses Rezept das Süßungsmittel nach Ihrem Geschmack, wie Datteln anstelle des Kokospalmzuckers, oder noch mehr Maulbeeren.

Alle Zutaten außer den Chiasamen in einen Topf geben. Unter ständigem Rühren aufkochen. 5 Minuten sprudelnd kochen, dann die Chiasamen einrühren, die Hitze reduzieren und die Marmelade 2–4 Minuten köcheln, bis sie andickt. Dabei weiterrühren, damit sie nicht am Topfboden ansetzt. In sterilisierte Schraubgläser (Seite 22) abfüllen, die Gläser verschließen und abkühlen lassen.

Wildbeeren-Tarte

Für 8 Personen

- 100 g Dinkelmehl oder glutenfreie Mehlmischung
- 140 g glutenfreie kernige Haferflocken
- 80 g Mandelmehl
- 90 g Kokospalmzucker
- 1 TL gemahlener Zimt
- ½ TL Meersalzflocken
- 120 ml Kokosöl und etwas Kokosöl zum Einfetten der Form
- 100 g Heidelbeermarmelade
- 120 g gefrorene Heidelbeeren

Heidelbeeren sind nährstoffreich und haben viele Gesundheitsvorteile. Farbpigmente, die Anthocyanine, verleihen ihnen ihre blaulila Farbe. Sie sind reich an Antioxidantien, von denen angenommen wird, dass sie den Körper vor Herzerkrankungen schützen und das Gedächtnis verbessern.

Den Ofen auf 190 °C (Umluft 170 °C) vorheizen und eine Tarte-Form (Ø 23 cm) leicht einfetten.

Das Dinkelmehl mit den Haferflocken und dem Mandelmehl, dem Kokospalmzucker, dem Zimt und dem Salz in eine große Schüssel geben und vermengen. Das Kokosöl unterkneten, bis ein klebrig-krümeliger Teig entsteht. Gut 400 g der Mischung mit den Fingerspitzen als Boden in die Tarte-Form drücken. Die Heidelbeermarmelade daraufstreichen, die gefrorenen Heidelbeeren darüber verteilen und die restlichen Streusel daraufstreuen. Die Tarte 25 Minuten backen, bis die Oberfläche schön gebräunt ist. Auf einem Kuchengitter auskühlen lassen.

Fermentierte Würzkarotten (Familienrezept)

Ergibt 3 Liter

- 2 kg Karotten, gerieben
- 500 g Speiserüben, gerieben
- 200 g weiße Zwiebeln, klein gehackt
- 50 g Frühlingszwiebeln, klein gehackt
- 1 grüne Chilischote, klein gehackt
- 10 Knoblauchzehen
- 25 g Meersalzflocken
- 25 g frischer Estragon, fein gehackt
- 25 g Petersilie, fein gehackt
- 1 TL Senfkörner
- 2 Lorbeerblätter
- 2 Gewürznelken
- 50 ml Sauerkrautsaft oder Fermentierflüssigkeit aus einer früheren Produktion
- 2–3 Weißkohlblätter

Großmutter Hildur und Großvater Eiríkur bauten immer mehr Gemüse an, als die Familie essen konnte. Daher begannen sie, mit Fermentierungstechniken zu experimentieren, damit nichts davon kaputtging. Eine erfolgreiche Fermentierung, also milchsaures Einlegen, verlängert die Haltbarkeit von Lebensmitteln und verändert Geschmack, Struktur und Nährwert. Im Grunde ist sie wie eine Art Vorverdauung, bei der Mikroorganismen mit der Zersetzung beginnen. Das wunderbare Rezept für fermentierte Würzkarotten hat Großmutter Hildur über die Jahre entwickelt, und jedes Jahr bereitet sie davon eine große Menge für die ganze Familie zu. Am besten funktioniert es mit Biokarotten und einem weiten 3-Liter-Einmachglas mit Ringgummi im Deckel.

Alle Gemüsesorten nacheinander in das sterilisierte Glas (Seite 22) schichten und jede Schicht mit Meersalzflocken, Kräutern und Gewürzen bestreuen. Mit einem Holzkochlöffel in dem Glas zusammendrücken. Dadurch entweicht die Luft, und das Gemüse zieht bereits Saft. Über jede Schicht 1 Esslöffel Sauerkrautsaft gießen, um den Gärungsprozess zu beschleunigen. Wenn das Glas fast voll ist, sollte der Saft das Gemüse bedecken. Falls das nicht der Fall ist, mit kochendem Wasser auffüllen. Das Gemüse mit 2–3 Weißkohlblättern abdecken.

Das Glas mit dem Gummiring im Deckel verschließen. Die ersten 10 Tage bei 18–20 °C dunkel stellen. Dann das Gemüse in den Kühlschrank oder an einen anderen kalten Lagerplatz stellen. 6–8 Wochen ziehen lassen. Wir füllen die Karotten gern in kleinere Gläser ab, da diese leichter zu verstauen sind. Kühl gestellt, halten sie mehrere Monate. Wir reichen sie zu jedem Essen.

Fermentierte Rote Beten (Familienrezept)

   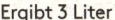

Ergibt 3 Liter

- 1 EL Speisesalz
- 1 kg Rote-Bete-Knollen, fein gerieben
- 4 grüne Äpfel, Kerngehäuse ausgestochen, fein gerieben
- 2 Kaffirlimettenblätter
- 1 Stängel Zitronengras
- 1 EL geriebene frische Ingwerwurzel
- 1 TL Kümmel
- 1 TL Minze
- ½ TL gemahlene Kurkuma
- ¼ TL getrocknete Shatavari
- ¼ TL getrocknetes Indisches Basilikum
- 120 ml Fermentiersaft einer früheren Produktion oder eine hochwertige Fermentierungskultur
- 1 Weißkohl- oder Blattkohlblatt, aufgerollt

Wie bei den Karotten gelingt auch dieses Rezept am besten mit Bio-Rote-Beten und einem weiten 3-Liter-Einmachglas mit Ringgummi.

600 ml Wasser aufkochen, auf Raumtemperatur abkühlen lassen und das Salz hinzufügen. In das sterilisierte Einmachglas (Seite 22) Gemüse, Äpfel, Kräuter und Gewürze in Schichten einfüllen und mit dem Salzwasser übergießen. Außerdem über jede Schicht 1 Esslöffel Fermentiersaft gießen, um den Gärungsprozess zu beschleunigen.

Das Gemüse im Glas fest zusammendrücken. Das Wasser sollte das Gemüse bedecken (es darf keinen Luftkontakt haben). Das aufgerollte Weißkohl- oder Blattkohlblatt obenauf legen, damit das Gemüse zusammengedrückt bleibt. Den Deckel fest schließen. Das Glas die ersten 10 Tage in einem dunklen Raum bei 18–20 °C aufbewahren. Dann das Glas in den Kühlschrank oder an einen anderen kühlen Lagerort stellen und 2 Wochen ziehen lassen.

Nach 2 Wochen die Flüssigkeit abgießen und auffangen. Die Gemüse-Apfel-Mischung in kleinere sterilisierte Gläser umfüllen und im Kühlschrank oder einem anderen kühlen Ort lagern. Den fermentierten Saft in eine sterilisierte Flasche füllen. Saft wie Gemüse halten im Kühlschrank oder kühl aufbewahrt mehrere Monate. Frühmorgens trinken wir gern einen kleinen Schluck Saft auf leeren Magen. Das gibt einen tollen Energieschub, da der Saft den Sauerstoff- und Nährstofftransport in verschiedene Regionen des Körpers unterstützt.

Frische Kräuter konservieren

Frische Kräuter geben jeder Mahlzeit das gewisse Etwas. Wenn Sie Kräuter im Hinterhof, Garten, am Balkon oder Küchenfenster ziehen, wissen Sie, wie wunderbar es ist, sie im Bedarfsfall einfach zu ernten. Im Spätherbst wird es mit den meisten Kräutern selbst drinnen schwieriger, vor allem hier im Norden, wenn die Tage kürzer werden. Jetzt wird es höchste Zeit, die Kräuter, die wir im Sommer nicht aufgebraucht haben, zu ernten und für den Winter zu konservieren.

Pesto (Seite 144) ist nur eine köstliche Möglichkeit, große Mengen frischer Kräuter haltbar zu machen. Hier sind einige weitere Methoden.

1. Frisch geschnitten:
   Kräuter bleiben in einer Vase mit Wasser, genau wie ein Blumenstrauß, einige Tage frisch. Alternativ die Stiele mit nassem Küchenpapier umwickeln und die Kräuter im verschlossenen Plastikbeutel oder im Schraubglas mit Deckel einige Tage im Kühlschrank lagern.

2. Getrocknet:
   Insbesondere Kräuter, die an holzigen Zweigen wachsen, wie Rosmarin und Thymian, lassen sich gut trocknen. Die Zweige dafür 2 Wochen kopfüber aufhängen oder die Nadeln oder Blätter abstreifen und auf einem trockenen Tuch flach ausgebreitet trocknen. Sie halten in einem luftdichten Behälter 4–6 Monate.

3. Tiefgefroren:
   Das Gefrierfach ist ein guter Lagerplatz für viele Kräuter. Bevor Sie die Methode wählen, entscheiden Sie über die Verwendung der Kräuter. Rechts sind die beiden Möglichkeiten erklärt.

Eiswürfel:
Kräuter, die wir gern in kalten oder heißen Getränken verwenden wollen, halten perfekt in Wasser eingefroren. Dafür ganze Blätter, gehackte Kräuter oder essbare Blüten in Eiswürfelbehälter legen und mit Wasser auffüllen. Die Eiswürfel sehen wunderschön aus und machen kalte Drinks noch edler. Aufgetaut, können sie auch für Kräutertees verwendet werden. Für Minze, die ebenso gut in Mojitos wie in Tee passt, ist das wunderbar. Die gefrorenen Eiswürfel lagern platzsparend in kleinen Gefrierbeuteln und halten bis zu 6 Monate. Die Beutel aber unbedingt beschriften, um nicht zu vergessen, was sich darin verbirgt.

Öl-Eiswürfel:
Basilikum, Korianderkraut, Minze, Rosmarinnadeln, Thymianblätter, Dill und Petersilie mit Olivenöl in der Küchenmaschine zerkleinern. Die Mischung in kleinen Gefrierbeuteln oder Eiswürfelbehältern einfrieren und im gefrorenen Zustand in beschriftete Beutel umfüllen. Die Würfel eignen sich perfekt für Saucen, Suppen und Eintöpfe. Aufgetaut, schmecken sie gut als Pesto oder unter Hummus gerührt. Tiefgefroren, sind die Öl-Eiswürfel gut 4–5 Monate haltbar.

Selbst gebackenes Saatenbrot

Ergibt 2 Kastenbrote, Kastenform à 20 x 10 x 6 cm

- Kokosöl, zum Einfetten
- 200 g glutenfreie kernige Haferflocken
- 550 g Saatenmischung
- 150 g Pekannusskerne, gehackt
- 60 g Flohsamenschalen
- 80 g Chiasamen, gemahlen
- 1–2 TL Meersalzflocken
- 60 ml natives Olivenöl extra
- 2 EL Kokosnektar oder Ahornsirup

Für dieses Brot verwenden wir sehr gern eine Mischung aus Sonnenblumenkernen, Kürbiskernen, Hanfsamen und Leinsamen.

Den Ofen auf 180 °C (Umluft 160 °C) vorheizen und die Kastenformen einfetten.

Die trockenen Zutaten in einer großen Schüssel mischen. In einer zweiten Schüssel das Olivenöl mit 750 ml Wasser sowie dem Kokosnektar verrühren und zu den trockenen Zutaten geben. Den Teig verrühren, bis er die Konsistenz von dickem Haferbrei hat. In die Formen füllen, mit einem Geschirrtuch abdecken und vor dem Backen bei Raumtemperatur 30–60 Minuten ruhen lassen.

Die Brote 30 Minuten backen, dann aus den Formen lösen, auf ein beschichtetes Backblech legen und nochmals 30–35 Minuten backen, bis sie goldbraun sind. Vor dem Anschneiden komplett auskühlen lassen. Das Brot hält gekühlt 5–7 Tage und lässt sich gut einfrieren. Wenn Sie es davor aufschneiden, können Sie die Scheiben einfach im Toaster auftauen, wenn Sie Hunger haben.

Tipp: Nussallergiker können die Pekannusskerne durch die gleiche Menge Saatenmischung ersetzen.

Selbst gerührte Butter

Ergibt 225 g

- 475 g Crème double
- 1 ½ TL Salz (nach Belieben)
- 2 EL gehacktes Korianderkraut (nach Belieben)
- 2 TL Limettensaft (nach Belieben)
- 1 TL Limettenschale
- ¼ TL Cayennepfeffer
- 1 TL Salz
- Selbst gemachtes Saatenbrot, zum Servieren (siehe oben)

Die Crème double in die Küchenmaschine füllen und 8–10 Minuten rühren, bis sich Butter und Molke trennen. Die Molke in eine Schüssel abseihen. Nun für gesalzene Butter 1 Teelöffel Salz in die Butter einkneten und für Kräuterbutter ein paar Kräuter. Ich liebe Korianderkraut und Limette. Das Korianderkraut mit Limettensaft, Limettenschale, Cayennepfeffer und Salz einarbeiten. Die Butter bis zur Verwendung im Kühlschrank lagern und mit selbst gemachtem Saatenbrot servieren.

Abendessen mit etwas mehr Muße

—

Winterrezepte und -aktivitäten

Essen schmeckt so viel besser, wenn wir es mit Muße genießen. In unserem arbeitsreichen, modernen Leben sind wir oft zu gehetzt, um überhaupt daran zu denken, zu Hause etwas Gutes zu kochen. Es ist jedoch wichtig, sich wenigstens hin und wieder die Zeit dafür zu nehmen. Wenn wir Mahlzeiten von Anfang bis Ende selbst kochen, können wir besser steuern, was wir essen, und Zutaten vernünftig wählen. Das Beste ist, dass dies überhaupt nicht zeitaufwendig sein muss. Oft dauert es länger, etwas vom Schnellimbiss zu holen oder bringen zu lassen, als selbst etwas aus ein paar Zutaten zuzubereiten.

Es zahlt sich aus, zu planen und vorauszudenken, damit das funktioniert. Gut ist ein kleiner, wohlüberlegter Vorrat mit den wichtigsten Grundzutaten und mit Lebensmitteln, aus denen sich schnell eine Mahlzeit zaubern lässt. Hildur und ich verwenden dafür gern eigene Gewürzmischungen. Wir sind der Meinung, dass Gewürze für unser Essen sehr wichtig sind und einfache Dinge in ein festliches Mahl verwandeln können.

Wenn Sie Zeit haben, ist es nicht verkehrt, sich auf die nächste Woche vorzubereiten. Mit einem Speiseplan oder durch Vorkochen von Dressings, Pesto, Ofengemüse, Bohnen und anderen nützlichen Dingen für eine schnell gezauberte Mahlzeit, wenn Sie beispielsweise vor lauter Arbeit die Beine nicht mehr auf den Boden bekommen. Nehmen wir uns also ab und zu Zeit zum Kochen, Essen und Genießen – als Kontrast zur modernen Fast-Food-Kultur.

Regenbogenpasta mit Pesto

Für 3–4 Personen

- 1 Steckrübe, geschält und mit dem Julienne-Schneider in dünne Streifen geschnitten
- 1–2 Karotten, geschält und mit dem Julienne-Schneider in dünne Streifen geschnitten
- 1 Rote-Bete-Knolle, geschält und mit dem Julienne-Schneider in dünne Streifen geschnitten
- 1 kleine Zucchini geschält und mit dem Julienne-Schneider in dünne Streifen geschnitten
- 2 EL Zitronensaft
- 1 EL natives Olivenöl extra

Für das grüne Pesto
- 75 g Cashewkerne
- 1 Handvoll Basilikum
- 2–3 Grünkohlblätter, Stiele entfernt
- 1–2 EL Nährhefeflocken
- 1 große Knoblauchzehe
- ¼–½ TL Meersalzflocken
- ¼–½ TL natives Olivenöl extra

Für das Pesto die Cashewkerne in eine Schüssel geben, mit Wasser bedecken und ca. 2 Stunden einweichen. Die Kerne abgießen und das Einweichwasser entsorgen.

Die Cashewkerne mit den restlichen Zutaten außer dem Olivenöl in den Standmixer füllen und zerkleinern. Der Pesto sollte noch stückig sein. In eine Schüssel füllen und das Olivenöl dazugeben. Das Öl vorsichtig unterrühren. Das Pesto in ein sauberes Schraubglas füllen und beiseitestellen.

Die Gemüsespaghetti in einer Schüssel arrangieren und mit dem Zitronensaft und dem Olivenöl übergießen. Gut vermengen, mit Frischhaltefolie abdecken und das Gemüse 15–25 Minuten weich werden lassen. Mit dem grünen Pesto servieren.

Lasagne

GF MF V R

Für 4 Personen

- 1 Zucchini
- 2 Avocados, geschält, halbiert, entkernt und in Scheiben geschnitten

Für den Paranusskäse
- 75 g Paranusskerne
- 40 g Cashewkerne
- 2 EL Zitronensaft
- 2–3 EL Nährhefeflocken
- 1 TL Probiotika-Pulver
- 1 TL Zwiebelpulver
- ½ TL Meersalz
- frisch gemahlener schwarzer Pfeffer

Für das grüne Pesto
- 75 g Cashewkerne
- 1 Handvoll Basilikum
- 1 Handvoll Rucola
- 1–2 EL Nährhefeflocken
- 1 große Knoblauchzehe
- ¼–½ TL Meersalzflocken
- ¼–½ TL natives Olivenöl extra

Für die Marinade
- 2 EL Zitronensaft
- 1 EL natives Olivenöl extra
- ½ TL Knoblauchpulver
- ½ TL getrockneter Oregano

Für das rote Pesto
- 125 g sonnengetrocknete Tomaten in Öl, abgegossen
- 2 Pflaumentomaten, Kerne ausgekratzt
- ½ rote Paprika
- 1 Knoblauchzehe
- 2 Datteln, entsteint und fein gehackt
- 1 TL getrockneter Oregano
- 1 Prise Meersalz

Für den Paranusskäse die Paranuss- und Cashewkerne in einer Schüssel mit Wasser bedecken und 2–4 Stunden einweichen. Die Kerne abgießen und das Einweichwasser entsorgen. Beiseitestellen.

Für das grüne Pesto die Cashewkerne in einer Schüssel mit Wasser bedecken und 2 Stunden einweichen. Die Kerne abgießen und das Einweichwasser entsorgen. Beiseitestellen.

Währenddessen alle Zutaten für die Marinade in einer Schüssel vermengen, dann beiseitestellen.

Mit einem Gemüse- oder Käsehobel die Zucchini in lange, dünne Streifen schneiden. Mit der Marinade in eine Schüssel geben, mehrmals wenden, sodass sie gut bedeckt sind, und die Schüssel mit Frischhaltefolie verschließen. Ziehen lassen und inzwischen das rote Pesto und den Käse zubereiten.

Für das grüne Pesto die Cashewkerne mit den restlichen Zutaten außer dem Öl im Standmixer zerkleinern. Der Pesto sollte stückig sein. In eine Schüssel umfüllen und das Olivenöl darübergießen. Vorsichtig unterrühren und beiseitestellen.

Für das rote Pesto alle Zutaten in den Standmixer füllen und stückig zerkleinern. Falls nötig, etwas salzen, dann in eine Schüssel umfüllen und beiseitestellen.

Für den Paranusskäse die abgetropften Paranusskerne mit allen restlichen Zutaten außer dem Pfeffer in den Standmixer füllen. Mit Pfeffer würzen, 2–3 Esslöffel Wasser zugeben und cremig pürieren. Beiseitestellen.

Zum Zusammensetzen der Lasagne eine Schicht Zucchini in einer flachen Schale auslegen, mit grünem Pesto bestreichen und Nusskäse darüber verteilen. Eine weitere Schicht Zucchini auslegen, mit rotem Pesto bestreichen und eine Lage Avocado darauf arrangieren. Weiter aufschichten, bis alle Zutaten aufgebraucht sind. Als letzte Schicht Nusskäse darübergeben. Alternativ können Sie auf vier Tellern Einzelportionen anrichten.

Falafel mit Sesamsauce

Für 4 Personen

Für die Falafel
- 225 g Mandeln
- 150 g Walnusskerne
- 70 g Sesampaste (Tahini)
- 40 g Rosinen
- 15 g Petersilie
- 15 g Korianderkraut und ein paar Blättchen zum Garnieren
- 2 Knoblauchzehen
- 1 EL gemahlener Koriander
- 1 EL gemahlener Kreuzkümmel
- 2 EL Kokosöl
- 2 EL Zitronensaft
- 2 TL Salz
- ½ TL frisch gemahlener schwarzer Pfeffer

Für die Sauce
- 3 EL Zitronensaft
- 75 ml Orangensaft
- 90 g Sesampaste (Tahini)
- 3 Knoblauchzehen, zerdrückt
- ½ TL Himalaja-Salz oder Meersalz
- 2 EL Korianderkraut
- 1 EL Petersilie
- 1 TL Currypulver
- ½ TL gemahlener Kreuzkümmel
- 2 Datteln, entsteint (nach Belieben)

Zum Servieren
- einige Petersilienblätter
- fermentierte Würzkarotten (Seite 155)
- 10 gegarte Wraps oder Romana-Salatblätter

Lassen Sie sich nicht von den vielen Zutaten abschrecken – das Rezept ist wirklich einfach. Falafel schmecken in einem Wrap oder in Romanasalatblätter eingewickelt besonders gut. Man kann sie toll mit selbst gemachten fermentierten Karotten, Sesamsauce und frischem Gemüse wie reifen Tomaten, Zwiebeln und Gurke kombinieren. Die Sauce harmoniert wunderbar mit den Falafel.

Für die Falafel alle Zutaten in den Standmixer füllen und fein pürieren. Mit den Händen 20 Bällchen aus der Mischung rollen. Die Bällchen auf Dörrautomatbleche legen und bei 47 °C 4–6 Stunden trocknen. Alternativ die Falafel im Backofen auf Umluft bei niedrigster Temperatur 3–4 Stunden trocknen. Dafür die Bällchen auf ein Backblech setzen und die Ofentür mit einem Holzlöffel offen halten.

Die Falafel sind fertig, wenn sie außen knusprig und innen noch weich sind.

In der Zwischenzeit alle Zutaten für die Sauce mit 75 ml Wasser in den Standmixer geben und cremig pürieren. Beiseitestellen.

Die Falafelbällchen in einer Schüssel anrichten, mit der Petersilie garnieren und die Sauce in einer Schüssel dazureichen. Zum Essen je 2 Falafel mit ein paar fermentierten Karotten und der Sesamsauce auf einen Wrap oder ein Salatblatt legen.

Taco mit Avocado und saurer Cashew-„Sahne"

Für 4 Personen

- 2 große Speiserüben, geschält und
  in dünne Scheiben geschnitten
- 1 EL Zitronensaft
- 1 EL natives Olivenöl extra

Für die saure Cashew-„Sahne"
- 150 g Cashewkerne
- 4 EL Limettensaft
- 1 EL Nährhefeflocken
- ⅛ TL weißer Pfeffer
- ½ TL Meersalzflocken

Für das Avocadomus
- 2 Avocados, geschält, halbiert,
  entkernt und gewürfelt
- 2 EL klein gehackte rote Zwiebel
- 2 EL gehacktes Korianderkraut
- 2 EL Limettensaft
- 1 Knoblauchzehe, klein gehackt
- ¼ TL Meersalz
- 1 Prise frisch gemahlener
  schwarzer Pfeffer

Für das Nuss-„Fleisch"
- 100 g Walnusskerne
- ½ TL gemahlener Kreuzkümmel
- ½ TL Zwiebelpulver
- ¼ TL geräuchertes Paprikapulver
- 1 EL Tamari

Zum Anrichten
- Kresse, zum Bestreuen
- 1 kleines Bund langer Schnittlauch, zum Verschnüren der Tacos

Die Speiserüben am besten mit einem Gemüsehobel in dünne Scheiben schneiden.

Für die saure Cashew-„Sahne" die Cashewkerne
in einer Schüssel 2 Stunden in Wasser einweichen.
Abgießen und das Einweichwasser entsorgen.
Beiseitestellen.

Währenddessen die Speiserübenscheibchen in
eine Schüssel geben. Zitronensaft und Olivenöl
mischen und darübergießen. Die Scheiben in der
Mischung wenden, bis sie rundum damit überzogen sind, dann die Schüssel abdecken und die
Rübenscheiben 10 Minuten marinieren.

Die Avocadowürfel in einer Schüssel mit der Gabel
zerdrücken. Zwiebel, Korianderkraut, Limettensaft
und Knoblauch zugeben, mit Meersalz und Pfeffer
würzen und alles gut vermengen. Beiseitestellen.

Für die saure Cashew-„Sahne" die Kerne mit den
restlichen Zutaten und 120 ml Wasser im Standmixer cremig pürieren. Falls die Sahne zu dick
erscheint, vorsichtig mit 1 Esslöffel Wasser ver-
dünnen. Beiseitestellen.

Die Zutaten für das Nuss-„Fleisch" im Standmixer
auf der Pulsstufe zerkleinern. Die Mischung sollte
gut vermengt, aber noch stückig sein.

Zum Fertigstellen eine Rübenscheibe in „U-Form"
biegen. 1 Esslöffel der Nuss-„Fleisch"-Paste daraufstreichen, dann 2 Esslöffel Avocadomus auf-
häufen und mit Cashewsahne abschließen. Den
Taco mit Kresse bestreuen und mit Schnittlauch
zubinden. Die restlichen Tacos ebenso anrichten.

Zucchini-Pizzaboden

Ergibt 1 große oder 2 kleine Pizzen

- 3 Zucchini, fein gerieben
- 70 g Mandelmehl
- 30 g vegetarischer Käse nach Parmesan-Art oder veganer Käse, gerieben
- 2 EL gemahlene Chiasamen
- 1 TL getrockneter Oregano
- 1 TL Knoblauchpulver
- ¼ TL Meersalzflocken
- frisch gemahlener schwarzer Pfeffer

Für die Tomatensauce
- 200 g stückige Tomaten (Dose)
- 40 g Tomatenmark
- 2 Knoblauchzehen, fein gehackt
- 1–2 TL getrockneter Oregano
- Meersalzflocken

Für das Knoblauchöl
- 4 EL natives Olivenöl extra
- 4 Knoblauchzehen, zerdrückt
- 1 EL fein gehackte Petersilie
- 1 TL Chiliflocken
- 1 Prise Meersalzflocken

Für den Belag
- 50 g geriebener veganer Käse oder ein anderer Käse der Wahl
- 120 g Wiesensauerampfer-Pesto, nach Geschmack (Seite 144)
- 1 Handvoll Rucola

Den Ofen auf 180 °C (Umluft 160 °C) vorheizen. Ein Backblech mit Backpapier auslegen.

Die Zucchini in einen Nussmilchbeutel oder auf ein Stück Käseleinen geben. Mit den Händen die Flüssigkeit ausdrücken und weggießen. Das Ausdrücken ist wichtig, damit der Teig nicht durchweicht. Die Zucchini mit dem Mandelmehl, Käse, Chiasamen, Oregano und Knoblauchpulver in eine Schüssel geben. Mit Salz und Pfeffer würzen und gut vermengen. Den Teig auf das Ofenblech setzen und mit den Händen flachdrücken. Dann 1 großen oder 2 kleine Pizzaböden formen. Dann in 25 Minuten goldgelb backen.

In der Zwischenzeit alle Zutaten für die Tomatensauce in einer Schüssel verrühren und beiseitestellen.

Für das Knoblauchöl die Zutaten in ein Schraubglas füllen, dicht verschließen und schütteln.

Den Pizzaboden (beziehungsweise die Böden) aus dem Ofen holen. Mit der Tomatensauce bestreichen und den Käse darauf verteilen. Wieder in den Ofen schieben und nochmals 5–10 Minuten backen. Aus dem Ofen nehmen und mit Knoblauchöl sowie dem Pesto, falls verwendet, beträufeln und den Rucola darauf verteilen.

Tipp: Falls Sie nicht nussfrei essen und etwas Wiesensauerampfer-Pesto übrig haben, können Sie zur Abwechslung auch dieses anstatt der Tomatensauce zum Bestreichen der Pizza verwenden.

Quinoa-Pizzaboden

Ergibt 1 Pizza

- 120 g Quinoa
- ½ TL Meersalzflocken
- 1 Knoblauchzehe
- ½ TL frisch gemahlener schwarzer Pfeffer
- 2 TL getrockneter Oregano
- 20 g geriebener veganer Käse
- 1 EL natives Olivenöl extra

Für den Belag
- 100 g veganer Frischkäse
- ½ Zucchini, in sehr feine Scheiben geschnitten
- 2–3 EL Pinienkerne
- 3–4 Zweige Rosmarin
- 1 EL Trüffelöl

Die Quinoa in einer Schüssel mit Wasser bedecken und über Nacht quellen lassen.

Am nächsten Tag den Ofen auf 190 °C (Umluft 170 °C) vorheizen und ein Blech mit Backpapier auslegen.

Die Quinoa abgießen und spülen. Mit 50 ml Wasser, Salz, Knoblauch, Pfeffer und Oregano in den Standmixer füllen und glatt pürieren. Den Teig in eine Schüssel gießen und den Käse mit dem Olivenöl unterrühren.

Eine Tarte-Springform (Ø 23 cm) auf das Backblech stellen und den Quinoateig hineingießen. Etwa 20 Minuten backen, dann aus dem Ofen nehmen. Den Boden wenden. Dafür ein zweites Backblech umgekehrt auf das heiße Blech legen, mit Ofenhandschuhen oder Topflappen die Bleche seitlich packen und mit dem Boden dazwischen umdrehen. Den Pizzaboden auf dem zweiten Blech weitere 5–10 Minuten backen.

Den Boden aus dem Ofen nehmen und die Temperatur auf 175 °C (Umluft 155 °C) absenken. Mit dem Frischkäse bestreichen. Die Zucchinischeiben darüber verteilen und mit den Pinienkernen bestreuen. Weitere 8 Minuten backen.

Den Rosmarin in einer Pfanne bei mittlerer Hitze kurz in dem Trüffelöl braten und auf der gebackenen Pizza verteilen. Servieren.

Vegane Burger
mit Wurzelgemüse-Fritten

GF MF V

Für 6 Personen

- 1 Süßkartoffel
- 3 EL Pflanzenöl zum Braten
- 500 g Pilze, in dünne Scheiben geschnitten
- 4 Knoblauchzehen, sehr fein gehackt
- 300 g fertig gegarte schwarze Bohnen, gespült und abgetropft
- 70 g Mandelmehl
- 50 g Chiasamen, gemahlen
- 1 EL geräuchertes Paprikapulver
- 1 TL Salz
- 1 TL Zwiebelpulver
- ½ TL frisch gemahlener schwarzer Pfeffer

Für die Wurzelgemüse-Fritten
- 1 Süßkartoffel, geschält und in 5 cm lange und ½ cm dicke Stifte geschnitten
- 1 Rote-Bete-Knolle, geschält und in Stifte geschnitten
- 1 Karotte, geschält und in Stifte geschnitten
- 1 Knollensellerie, geschält und in Stifte geschnitten
- 1 EL Kokosöl oder Pflanzenöl
- 1 TL Paprikapulver
- 1 TL Meersalzflocken

Zum Servieren
- 6 Scheiben selbst gebackenes Saatenbrot (Seite 160)
- 1 Portion pikante Cashew-Mayonnaise (Seite 178)
- ½ Avocado, geschält und in Scheiben geschnitten
- 6 Kirschtomaten, in Scheiben geschnitten
- 1 Portion Geräucherte Kokosflocken (Seite 178)
- 1 Handvoll Feldsalat, zum Garnieren

Den Ofen auf 190 °C (Umluft 170 °C) vorheizen und ein Ofenblech mit Backpapier auslegen.

Die Süßkartoffel rundum mit einer Gabel einpieksen und auf dem Blech 45–60 Minuten backen, bis die Kartoffel weich ist. Den Ofen nicht abschalten. Alternativ eine bereits gegarte Kartoffel aus dem Restevorrat verwenden.

In der Zwischenzeit einen Topf bei mittlerer Hitze erwärmen. 1 Esslöffel Pflanzenöl in den heißen Topf geben und erwärmen. Die Pilze und den Knoblauch zugeben und 5 Minuten garen. Die Kartoffel und die Pilze mit den restlichen Zutaten in eine Schüssel geben und alles gründlich verkneten. Die Mischung auf 6 Portionen aufteilen und mit den Handflächen zu Burgern flach drücken. Die Burger im Kühlschrank etwa 30 Minuten kalt stellen.

Alle Gemüsestifte für die Pommes frites mit Öl einreiben und auf einem Backblech ausbreiten. Mit Paprikapulver und Salz würzen. 2 Esslöffel Wasser darübersprenkeln und im heißen Ofen etwa 20 Minuten backen. Warm halten.

Zum Braten der Burger 2 Esslöffel Öl bei mittlerer Hitze in einer hohen Pfanne erwärmen. Die Burger hineinlegen und 3–4 Minuten pro Seite braten, bis sie rundum goldgelb sind.

Zum Anrichten die Burger auf den Brotscheiben arrangieren und je einen Klecks Cashew-Mayonnaise, Avocado- und Tomatenscheiben und geräucherte Kokosflocken daraufgeben. Den Feldsalat darüber verteilen und mit den Gemüse-Fritten als Beilage servieren.

Geräucherte Kokosflocken

Ergibt 80 g

- 75 g Kokosflocken
- 1 EL Tamari
- ½ TL geräuchertes Paprikapulver
- ¼ TL Zwiebelpulver
- ¼ TL Knoblauchpulver

Den Ofen auf 160 °C (Umluft 140 °C) vorheizen und ein Backblech mit Backpapier auslegen.

Alle Zutaten in einer Schüssel gründlich durchmischen. Die Mischung auf dem Backblech ausbreiten und etwa 15 Minuten rösten. Alle 5 Minuten die Flocken wenden, damit sie nicht verbrennen. Aus dem Ofen nehmen und etwa 15 Minuten abkühlen lassen oder bis sie knusprig sind.

Pikante Cashew-Mayonnaise

Ergibt 450 g

- 150 g Cashewkerne
- 4 EL Zitronensaft
- 2–3 Medjool-Datteln, entsteint
- 1 EL Harissa oder eine andere Chilipaste
- 1 Knoblauchzehe
- 1 TL Zwiebelpulver
- 1 Prise rosa Himalaja-Salz oder Meersalz
- frisch gemahlener schwarzer Pfeffer

Die Cashewkerne in einer Schüssel mit Wasser bedecken und 2 Stunden einweichen. Dann die Kerne abgießen und das Einweichwasser entsorgen.

Die Cashewkerne mit allen restlichen Zutaten und 120 ml Wasser in den Standmixer geben und cremig pürieren. In ein sterilisiertes Schraubglas umfüllen (Seite 22) und bis zur Verwendung im Kühlschrank aufbewahren.

Kelpnudeln mit Tofu

Für 3–4 Personen

- 1 Packung (ca. 350 g) Kelpnudeln
- 1 kleiner Brokkoli, in mundgerechte Stücke zerteilt
- 1–2 EL Sesamöl, geröstet
- 75 g Weißkohl, in feine Streifen geschnitten
- 2 Karotten, in feine Stifte geschnitten
- 1 Zucchini, mit dem Julienne-Schneider oder Spiralschneider in spaghettidünne Streifen geschnitten
- 15 g Korianderkraut, gehackt, und ein paar Blättchen zum Garnieren
- 10 g Basilikum, klein gehackt
- 2 EL klein gehackte Minze (nach Belieben)
- 2 EL fein geriebene frische Ingwerwurzel
- 1 EL fein gehackte Limettenschale
- 3 Limettenblätter, in sehr feine Streifen geschnitten

Für den Tofu
- 2 EL Tamari
- 1 EL Honig
- 1 EL Sesamöl, geröstet
- 1 TL geriebener oder zerstoßener Ingwer
- 200 g Tofu, abgetropft und in 8 Stücke geschnitten
- 50 g Mandelkerne oder andere Nusskerne, geröstet

Für die Erdnusssauce
- 50 ml Tamari
- 2 EL Zitronen- oder Limettensaft
- 2 EL Erdnussbutter
- 1 EL geriebene frische Ingwerwurzel
- 1 EL Sesamöl, geröstet
- 1 EL Agavendicksaft oder Honig
- 1–2 Knoblauchzehen
- frische Chilischote, nach Geschmack

Für den Tofu alle Zutaten außer dem Tofu und den Nüssen in eine Schüssel geben und vermischen. Die Tofustücke mit der Mischung einstreichen und in einem tiefen Teller 10–30 Minuten marinieren – je länger, desto besser.

Den Ofen auf 200 °C (Umluft 180 °C) vorheizen. Die gehackten Nüsse in einer Schale oder auf einem Teller ausbreiten und die Tofustücke darin wenden, sodass sie rundum bedeckt sind. Auf ein Backblech legen und 6–7 Minuten backen. Wenden und weitere 6–7 Minuten goldbraun backen.

In der Zwischenzeit die Kelpnudeln in eine Schüssel geben, mit kaltem Wasser bedecken und 10–15 Minuten ziehen lassen.

Alle Zutaten für die Erdnusssauce in einen Standmixer füllen und gründlich pürieren. Alternativ im Mörser zerstoßen. In ein sauberes Schraubglas umfüllen und beiseitestellen.

Die Brokkoliröschen in ein Sieb geben, mit kochendem Wasser übergießen und abtropfen lassen. Das Wasser von den Kelpnudeln abgießen, die Nudeln leicht trocknen lassen und in eine Schüssel geben.

Das Sesamöl in einem Topf bei mittlerer Hitze erwärmen, Weißkohl und Karotten zugeben und 4–5 Minuten weich garen. Zu den Nudeln in die Schüssel geben. Die restlichen Zutaten dazugeben und gründlich unterheben. Zuletzt den Tofu darüber verteilen. Mit der Erdnusssauce servieren.

Tipp: Wenn Sie sich vegan ernähren, verwenden Sie Agavendicksaft anstelle des Honigs.

Kurkuma-Tostadas

(MF) (V)

Für 3–4 Personen

Für die Kurkumafladen
- 100 g Dinkelmehl
- 1 ½ TL Kurkuma
- 1 TL aluminiumfreies Backpulver
- ½ TL Meersalzflocken
- 4 EL Mandelmilch
- 1 EL Zitronensaft
- 1 EL natives Olivenöl extra
- 1–2 EL Kokosöl, zum Braten

Für die Salsa
- 4 Pflaumentomaten, halbiert, entkernt und in ½-cm-Würfel geschnitten
- 1 rote Gemüsepaprika, in ½-cm-Würfel geschnitten
- Kerne von 1 Granatapfel
- 2 EL Korianderkraut
- 1 EL fein gehackte Zwiebel
- 1 EL Limettenabrieb
- 1 EL Limettensaft
- 1 EL fein gehackte frische Chilischote
- ½ TL rosa Himalaja-Salz
- frisch gemahlener schwarzer Pfeffer

Für die Guacamole
- 2 Avocados, geschält, halbiert und entkernt
- 1 EL gehackte Zwiebel
- 1 EL fein geschnittener Schnittlauch
- 1 EL Limettensaft
- 1 Knoblauchzehe, zerdrückt
- ¼ TL Salz
- 3 EL fein gehacktes Korianderkraut

Für die Bohnenpaste
- 2 EL natives Olivenöl extra
- 2 Knoblauchzehen
- 400 g fertig gegarte schwarze Bohnen
- 2 TL mexikanische Gewürzmischung
- ½–1 TL Meersalzflocken
- 1 Zitrone
- 2–3 EL Korianderkraut
- Limettenschnitze, zum Servieren

Für die Kurkumafladen das Mehl mit Kurkuma, Backpulver und Salz in eine große Schüssel sieben. Mandelmilch, Zitronensaft und natives Olivenöl einarbeiten, bis sich ein Teig bildet. Kneten und 30 Minuten ruhen lassen. Nochmals kneten und 8 Kugeln formen. Jede auf einer bemehlten Arbeitsfläche auf 10–12 cm Durchmesser ausrollen.

Das Kokosöl in einer Pfanne erhitzen. Die Kurkumafladen 1 Minute pro Seite darin braten.

Für die Salsa alle Zutaten in einer Schüssel vermengen. Die Sauce ist servierfertig und kann beiseitegestellt werden.

Für die Guacamole die Avocados in einer Schüssel mit der Gabel zerdrücken. Die restlichen Zutaten dazugeben und untermengen. Damit ist die Guacamole fertig. Sie hält in einem luftdicht verschlossenen Behälter 3–4 Tage.

Für die Bohnenpaste das Öl in einem Topf bei mittlerer Hitze erwärmen und den Knoblauch darin 2–3 Minuten anschwitzen. Die schwarzen Bohnen und die mexikanische Gewürzmischung dazugeben, gut vermengen und etwa 5 Minuten köcheln lassen. Umrühren und die Bohnen während des Kochens mit einem Löffel zerdrücken. Mit Salz würzen und die Zitrone darüber ausdrücken. Den Topf vom Herd nehmen und das Korianderkraut unterziehen. Die Bohnenpaste mit Salsa, Guacamole und ein paar Limettenschnitzen auf den Fladen servieren.

Farroto mit orangem Wurzelgemüse

(MF) (V)

Für 3–4 Personen

- 2 Süßkartoffeln, geschält und in 2-cm-Würfel geschnitten
- 2 Karotten, geschält und in 2-cm-Würfel geschnitten
- 1 Butternusskürbis, geschält, entkernt und in 2-cm-Würfel geschnitten
- 2 EL Kokosöl
- Meersalz und frisch gemahlener schwarzer Pfeffer
- 120 g Emmer
- 2 EL natives Olivenöl extra
- 1 Stange Lauch, klein gehackt
- 2 EL klein gehackter Salbei
- 500 ml Mandelmilch
- 1 EL Currypaste
- veganer Frischkäse, zum Servieren (nach Belieben)

Den Ofen auf 200 °C (Umluft 180 °C) vorheizen.

Die Gemüsewürfel in einer großen Röstpfanne im Kokosöl wenden und mit Salz und Pfeffer würzen. Gleichmäßig verteilen und im Ofen etwa 30 Minuten rösten, bis das Gemüse weich ist. Dabei gelegentlich wenden.

In der Zwischenzeit in einem Topf den Emmer mit 1 Liter Wasser aufgießen und zum Kochen bringen. Die Hitze reduzieren und 25 Minuten köcheln. Abgießen und zurück in den Topf füllen.

Das Olivenöl in einer großen Pfanne mit höherem Rand bei mittlerer Hitze erwärmen. Den Lauch hineingeben und 5 Minuten dünsten. Den Salbei unterrühren, mit Meersalz sowie frisch gemahlenem schwarzem Pfeffer würzen und 2–3 Minuten weitergaren. Nacheinander den Emmer, die Mandelmilch und schließlich die Currypaste unterziehen und köcheln lassen, bis der Emmer die ganze Milch aufgenommen hat. Vom Herd nehmen und das Wurzelgemüse unterheben. Mit Salz und Pfeffer abschmecken und nach Geschmack den Frischkäse dazureichen.

Winterrezepte und -aktivitäten

Grüngemüse
drinnen anbauen

Im isländischen Winter, wenn Hinterhöfe, Gärten und Balkone unter einer weißen Schneedecke schlafen, jucken unsere grünen Daumen vor Ungeduld. Sehr dankbar sind jetzt Projekte, die auch während der kalten Jahreszeit selbst angebautes Grüngemüse zu einer Alltäglichkeit machen. Sonnenblumen- und Buchweizensprösslinge sind sehr einfach im Haus anzubauen und wachsen mit am schnellsten. Beide sind sehr nährstoffreich und stecken voller Chlorophyll, das man auch als „flüssiges Sonnenlicht" bezeichnen könnte. Es wirkt sich auf viele Körperfunktionen positiv aus. Es hält das Blut gesund, indem es Entzündungen eindämmt, und beruhigt das Nervensystem. Wir verwenden die Sprossen für alles – Salate, Smoothies, Sandwiches – oder zum Garnieren wohligwarmer Wintergerichte. Vor allem Kinder helfen bei diesen Projekten gern mit und essen meist mehr von Grüngemüse, zu dessen Wachsen sie selbst beigetragen haben.

Winter-Grüngemüse selbst ziehen

- 250 g ungeschälte Sonnenblumenkerne oder Buchweizensamen (mit Spelzen)
- 1 sauberes 1-Liter-Einmachglas
- 1 Stück Nylongewebe
- 1 Gummiring (Weckring)
- 2 Pikierschalen (Sprossenschalen)
- Erdmischung (Komposterde)

Die Samen mit Wasser (Verhältnis 1:4) in einer großen Schüssel 6–8 Stunden oder über Nacht einweichen. Danach abspülen und abtropfen lassen.

Die Samen in das Glas füllen. Mit Nylongewebe und Gummi verschließen. Kopfüber 1–2 Tage in ein Abtropfggestell stellen (oder schräg mit der Öffnung nach unten in einer Ecke platzieren, damit das Wasser abtropfen kann). Die Samen zweimal täglich waschen und spülen. Dafür die Samen mit Wasser bedecken, das Glas schwenken, sodass alle Sprossen umspült werden, und das Wasser durch das Gewebe wieder abgießen. Wenn die Sprossen 2–3 mm groß sind, kann man sie einpflanzen.

Eine Pikier- oder Sprossenschale zu zwei Dritteln mit Erde befüllen. Die Erde wässern und die Sprossen dicht an dicht auf der Oberfläche verteilen. Die andere Schale als Deckel daraufsetzen (alternativ die Sprossen mit einer dunklen Plastiktüte abdecken und Luftlöcher hineinstechen). Das fehlende Licht regt die Sprossen an, kräftigere Wurzeln zu schlagen.

Nach 3 Tagen den Deckel beziehungweise die Plastiktüte entfernen und die Schale ans Licht stellen – am besten auf ein sonniges Fensterbrett. Täglich gießen, bis das Grüngemüse etwa 12–15 cm hoch und somit fertig zum Ernten ist.

Geschenke – Upcycling & Selbermachen

Eines der wertvollsten Geschenke für Familie und Freunde ist unsere Zeit. Eine Geschenkkarte für ein gemeinsames Treffen oder einen zusammen verbrachten Tag ist daher immer eine gute Idee. Lassen Sie Ihrer Fantasie freien Lauf – ein schönes Picknick, Schwimmen gehen, gemeinsam etwas Besonderes kochen oder eine Theatereinladung. Die Möglichkeiten sind endlos. Genießen Sie die Zeit zusammen, denn meist machen tolle Erlebnisse glücklicher als teuer gekaufte Geschenke. Hier ein paar Ideen für Geschenke, die Sie für alle Festtage selbst herstellen können.

Marmeladen-etiketten ablösen

- 2 EL Backnatron oder 1 EL Meersalzflocken
- 50 ml natives Olivenöl extra

Wir sind geradezu besessen davon, neue Verwendungszwecke für alte Dinge zu finden, und heben dafür alle Schraub- und Einmachgläser auf. Manchmal ist der Kleber sehr hartnäckig, sodass das Säubern zur harten Arbeit wird. Hier unsere Methode, die selbst schwierigste Etiketten- und Kleberreste entfernt:

Backnatron oder Salz mit dem Olivenöl vermischen und für die zukünftige Verwendung in ein sauberes Schraubglas füllen.

Die zu säubernden Gläser 4–5 Stunden oder über Nacht in warmem Seifenwasser einweichen. Das Wasser nicht wegschütten, Sie können es wiederverwenden, falls Sie mehrere Gläser haben.

Mit der harten Seite des Spülschwamms so viel der Etiketten abkratzen wie möglich. Für die verbleibenden Kleber- oder Etikettenreste kommt jetzt der Ölreiniger zum Einsatz.

Den Reiniger in die Kleberreste einmassieren. Falls sie sehr hartnäckig sind, den Reiniger etwa 1 Stunde einwirken lassen. Dann den Reiniger mit der Spülbürste oder der harten Seite eines Spülschwamms abreiben, das Öl mit dem Seifenwasser abspülen und siehe da, die Gläser sind jetzt sauber und einsatzbereit.

Upcycling-Becher mit Thermomantel

- Häkelnadel
- Baumwollgarn
- sauberes Schraubglas mit Deckel (siehe links)

Großmutter Hildur legt viel Wert darauf, dass es jedes Familienmitglied warm hat. Sie strickt Pulswärmer für ihre Urenkel und fertigte sogar einen Thermoüberzug für ihren Wasserkessel an. Sehr gern häkelt sie auch Wärmemäntel für die Schraubgläser, die wir als Kaffeetassen mit nach draußen nehmen. Dafür braucht man nur wenig Garn, sodass dieses Projekt eine gute Resteverwertung ist. Hier Hildurs Anleitung:

Wählen Sie die Häkelnadel passend zum Garn, doch nehmen Sie das nicht zu genau – hier geht es nicht um Präzision. Da die Gläser verschieden groß sind und das Ziel ist, für alle gemütliche Wärmemäntel herzustellen, ist es gut, die Methode flexibel zu handhaben.

Reinigen Sie zunächst das Glas, das Sie als perfekten Trinkbecher befinden. Zunächst häkeln wir den Boden des Wärmers in Runden – wie viele das sein müssen, hängt vom Durchmesser des Glasbodens ab. Wenn der Kreis groß genug ist, schließen Sie ihn zur Zylinderform. Für den runden Boden: 4 Luftmaschen (LM) häkeln und mit 1 Kettmasche zum Ring schließen. Danach 2 LM häkeln.

1. Reihe: 11 Stäbchen in den Luftmaschenring häkeln. 2 LM häkeln.

2. Reihe: 2 Doppelstäbchen in jedes Stäbchen häkeln (22 gesamt). 2 LM häkeln. Die zweite Reihe wiederholen, bis der Kreis den Durchmesser des Glasbodens hat. Jetzt kann der Kreis zur Zylinderform geschlossen werden.

Die Reihe mit 1 Kettmasche schließen und in der nächsten Reihe 1 feste Masche auf jedes Doppelstäbchen häkeln. Mit festen Maschen fortfahren, bis der Wärmer so hoch wie das Glas ist. Nun noch den Faden vernähen. Fertig!

Schokoladenkekse

Ergibt 8–10 Kekse

- 225 g glutenfreie kernige
  Haferflocken
- 225 g Kokospalmzucker
- 2 EL gemahlene Chiasamen
- 3–4 EL Wasser
- 3 EL geschmolzenes Kokosöl
- 1 TL Vanillepulver
- ¼ TL Meersalzflocken
- ¼ TL rote Chiliflocken
- 175 g Halbbitterschokolade,
  grob gehackt

Hildur und ich verschenken gern Essbares, und Schokoladenkekse backen ist eines unser liebsten Projekte. Der Clou dabei ist eine nette, festliche Verpackung mit hübschen Geschenkbändern.

Den Ofen auf 175 °C (Umluft 155 °C) vorheizen. Ein Backblech mit Backpapier auslegen.

Die Haferflocken im Hochleistungsmixer sehr fein vermahlen. In eine Schüssel umfüllen. Die übrigen Zutaten außer der Schokolade zugeben und mit dem Hafermehl vermengen. Die Schokolade unterziehen.

Mithilfe eines Esslöffels den Keksteig löffelweise auf das vorbereitete Blech häufen. Zwischen den Keksen etwa 4 cm Abstand lassen, da sie beim Backen auseinanderlaufen. Die Kekse 10–12 Minuten goldgelb backen. Aus dem Ofen nehmen und auskühlen lassen – obwohl, sie sind vielleicht schon weg, bevor sie ganz kalt sind …

Adzuki-Pflegemaske

- 100 g getrocknete Adzukibohnen

Dies ist ein alter Geisha-Schönheitstipp für reine, gesund strahlende Haut.

Die Bohnen in eine saubere Kaffee- oder Gewürzmühle füllen und zu feinem Pulver vermahlen. In einem sterilisierten Schraubglas (Seite 22) mit fest sitzendem Deckel aufbewahren.

Für eine Maske 1 Esslöffel des Bohnenpulvers mit 1 Teelöffel Wasser anrühren und sofort auftragen. Auf der sauberen Gesichtshaut verstreichen und etwa 5–10 Minuten einwirken lassen, bis die Haut fühlbar zu spannen beginnt. Dann die Maske mit lauwarmem Wasser abspülen.

Desserts
für jede Tageszeit

Kleine süße
Leckerbissen

Jeder weiß, dass man sich nicht allein von Süßigkeiten ernähren kann. Das heißt aber nicht, dass man ein schlechtes Gewissen haben muss, wenn man hin und wieder nascht. Süßes macht das Leben bunter und hebt die Stimmung.

Manche Desserts sollten für festliche Anlässe reserviert sein, während andere immer genossen werden können, wenn man Lust darauf hat. Wir verwenden für Naschereien gern gesunde Zutaten wie Nüsse, Früchte und ganzes Getreide sowie gesunde Fette wie natives Olivenöl extra und Avocado. Oft versuchen wir, den Süßegrad von Desserts zu reduzieren. Die Geschmacksknospen lassen sich trainieren und an weniger süße Speisen gewöhnen. Wir denken, es ist besser, die Menge an natürlichen Süßungsmitteln allmählich zu reduzieren, als auf künstliche Zuckerersatzstoffe zu wechseln. Diese führen dazu, dass unser Verlangen nach Süßigkeiten nie nachlässt. Es ist sicherlich der gesündere Weg, Süßes als etwas anzusehen, das man genießen sollte, aber eben nur in Maßen.

Dessertrezepte mit rohen Zutaten gelingen am einfachsten, da man dafür nicht viel mehr wissen muss, als wie man Zutaten zerkleinert und in Formen drückt. Hier geht es nicht um Back-chemie, Temperatur, präzises Timing oder Knettechnik.

Viele klassische Dessertrezepte enthalten mehr Zucker, als tatsächlich nötig ist, und normalerweise können Sie einfach etwas weniger verwenden, ohne dass es jemand bemerkt. Auch ein paar Tricks helfen, die Zuckerzufuhr zu verringern. Bei Rezepten mit Schokostückchen oder Rosinen muss der Teig nicht so süß sein, und bei der Verwendung von Gewürzen wie Zimt, Kardamom und Vanille lassen sich ebenfalls Süßungsmittel einsparen. Diese Gewürze verleihen Rezepten ein süßes Aroma, sodass die Geschmacksknospen mit weniger Zucker zufrieden sind. Zucker lässt sich auch gut durch Trockenfrüchte, Dattelpaste, Apfelpüree oder zerdrückte Bananen ersetzen, und wir ermutigen jeden, hier mit Spaß zu experimentieren. Tauschen Sie jedoch zunächst Flüssigkeiten gegen Flüssigkeiten und trockene Zutaten gegen trockene.

In diesem Kapitel finden Sie Grundrezepte für verschiedene Butter und Pasten für die Desserts, die dann folgen. Ebenso gibt es hier Rezepte für jeden Tag, wie die Ingwerbirnen (Seite 216) und etwas dekadentere, wie die Himbeertarte (Seite 222) – eine wunderbare Hauptattraktion. Vergessen Sie nur nie, jeden einzelnen Bissen zu genießen, wenn Sie sich schon dazu entschließen, sich mit süßen Gerichten zu verwöhnen.

Schokolade

Ergibt 450 ml

- 110 g Mandelmus
- 110 g Kakaobutter oder Kokosöl
- 60 g rohes Kakaopulver
- 80 g Ahornsirup

Wir gießen diese Mischung in Formen, um unsere eigene Rohschokolade herzustellen. Im flüssigen Zustand können Sie die Masse auch als Sauce oder Tortenguss einsetzen.

Wählen Sie je nach Verwendungszweck der Schokolade Kakaobutter oder Kokosöl. Mit Kakaobutter wird sie hart wie Tafelschokolade, mit Kokosöl bleibt sie weicher und eignet sich gut als Tortenguss. Die Kakobutter sanft in einer Schale über siedendem Wasser schmelzen. Achten Sie darauf, dass der Schüsselboden das Wasser nicht berührt. Das Kakaopulver und den Ahornsirup zugeben und unterrühren.

Kokosbutter

Ergibt 300 g

- 200 g Kokosflocken
- 1–2 EL Kokosöl

Diese Butter passt gut zu Smoothies, Tortenguss und Füllungen und macht sie schön cremig. Wir verwenden sie statt Crème double oder Nussbutter.

Die Kokosflocken in der Küchenmaschine mit dem Messereinsatz 3 Minuten zerkleinern. Öfter stoppen und die Mischung nach unten schieben. Dabei jeweils ½–1 Esslöffel Kokosöl zugeben, bis die Butter cremig ist. In sterilisierte Gläser (Seite 22) füllen und gekühlt bis zu 2 Wochen aufbewahren. Im Kühlsschrank wird die Butter fest, sodass man sie 1–2 Stunden vor Verzehr herausnehmen muss.

Dattelpaste

Ergibt 450 g

- 500 g Medjool-Datteln
- 1 Prise Salz

Die Datteln 10–15 Minuten in einer Schüssel mit Wasser einweichen, falls sie nicht bereits extrem weich sind. Entkernen und im Standmixer cremig pürieren. Die Paste in einem luftdichten Behälter im Kühlschrank lagern. Sie hält dort mehrere Wochen. Tiefgefroren, ist sie bis zu 2 Monate haltbar. Wir verwenden sie als Süßungsmittel.

Ei-Ersatz

Ergibt die Menge eines Eis Größe L
zum Backen

- 1 EL Chiasamen

Immer mehr Menschen verzichten auf Eier in ihrem Speisenplan. Dafür gibt es viele Gründe. Die häufigsten sind Allergien und die Tatsache, dass zahlreiche Menschen Tierprodukte generell meiden. Eier spielen in vielen Rezepten eine große Rolle: Sie binden die Zutaten oder machen den Teig luftiger. Selbst gemachter Ei-Ersatz ist wirklich einfach herzustellen. Unser Lieblingsrezept, das Gerichte am besten bindet, finden Sie hier.

Die Chiasamen in der Kaffeemühle oder im Hochleistungsmixer fein zermahlen. In eine Schüssel umfüllen und mit 3 Esslöffel Wasser cremig rühren. In einem luftdichten Behälter kühl aufbewahrt, hält der Ei-Ersatz bis zu 2 Wochen.

Karamell

Ergibt 350 ml

- 200 g Kokosnektar, Kokospalmzucker oder Ahornsirup
- 100 g Kokosöl
- 65 g Mandelmus
- 1 TL Meersalzflocken

Wenn der Karamell dunkler sein soll, können Sie 1–2 Teelöffel rohes Kakaopulver unterrühren. Für dieses Rezept verwenden wir Kokosnektar, Kokospalmzucker oder Ahornsirup, was den Karamellgeschmack verstärkt. Der Karamell kann als Tortenguss, als Belag auf Rohkostkuchen, in Drinks und in allen anderen Rezepten eingesetzt werden, die nach Karamell verlangen. Das ist die gesündere Variante des klassischen Butterkaramells.

Alle Zutaten im Standmixer cremig pürieren. Der Karamell hält in einem luftdichten Behälter im Kühlschrank bis zu 2 Wochen.

Nusshappen

Ergibt 20 Nusshappen

Für die Karamellschicht
- 90 g Kokosnektar oder
  Süßungsmittel der Wahl
- 75 g Kokosöl
- 75 g Mandelmus
- 1 TL Meersalzflocken
- ½ TL gemahlene Kurkuma

Für den Schokoguss
- 100 g Kokosöl
- 110 g Mandelmus
- 60 g rohes Kakaopulver
- 80 g Kokosnektar oder Ahornsirup

Für die Nussschicht
- 150 g Medjool-Datteln, entsteint
- 125 g Pekannusskerne
- ¼ TL Meersalzflocken

Für die zweite Schicht
- 300 g Erdnussbutter

Für die Karamellschicht alle Zutaten im Standmixer cremig pürieren. Beiseitestellen.

Für den Schokoguss Kokosöl und Mandelmus sanft in einer Schale über Wasserdampf schmelzen. Achten Sie darauf, dass der Schüsselboden das Wasser nicht berührt. Kakaopulver und Kokosnektar einrühren, bis die Masse schön cremig ist. Beiseitestellen.

Für die Nussschicht alle Zutaten im Hochleistungs-standmixer oder mit dem Messereinsatz der Küchen-maschine zu einer klebrigen Masse zerkleinern. In eine rechteckige Backform (30 x 30 cm) drücken und 15 Minuten ins Gefrierfach stellen. Die Erd-nussbutter lässt sich leichter auf der Nussschicht verstreichen, wenn sie kalt und fest ist.

Die Erdnussbutter gleichmäßig auf der Nuss-schicht auftragen. Den Karamell auf die Erd-nussbutter streichen und zuletzt die Schokolade darüber glatt streichen. Für 1–2 Stunden ins Gefrierfach geben, bis die Masse fest ist, und dann in Quadrate (3 x 3 cm) schneiden.

Avocadotrüffel

Ergibt 12 Trüffel

- 200 g dunkle Schokolade, mit mindestens 50 % Kakaoanteil
- 2 Avocados, geschält und entkernt
- Kokosöl zum Einfetten der Form
- rohes Kakaopulver zum Wälzen

Diese Trüffel sind genial unkompliziert in der Herstellung. Wir entwickelten das Rezept ursprünglich als einfachen, gesunden Tortenüberzug, aber die Portion war einfach zu groß, sodass wir die Reste zu Trüffelkugeln rollten. Wählen Sie Ihre Lieblingsschokolade, entweder zartbitter oder bitter, mit Orange, Pfefferminze oder einem anderen Aroma nach Geschmack. Die Trüffel in gehackten Nüssen, Kokosflocken oder Orangenschale wälzen. Rohkosttrüffel werden es mit roher Schokolade oder selbst gemachter Schokolade (Seite 202).

Die Schokolade sanft in einer Schale über siedendem Wasser schmelzen. Achten Sie darauf, dass der Schüsselboden das Wasser nicht berührt. Vom Herd nehmen und die Schokolade in den Standmixer gießen. Mit der Avocado auf der Pulsstufe zu einer Paste pürieren. In eine Schüssel umfüllen, abdecken und im Kühlschrank 30 Minuten kalt stellen, bis die Paste fest ist.

Zwischen leicht geölten Händen aus der Mischung Bällchen rollen. Das Kakaopulver auf einem Teller verteilen und die Bällchen rundum darin wälzen. In einem luftdichten Behälter im Kühlschrank lagern, um sie in den nächsten Tagen zu essen. Tiefgefroren aufbewahrt, halten die Bällchen sogar bis zu 2 Monate.

Orangentrüffel

Ergibt 12 Trüffel

- 300 g Medjool-Datteln, entsteint
- 50 g Rohschokolade mit Orangenaroma, klein gehackt
- 3 EL rohes Kakaopulver
- 2 EL Kokosöl
- 1 EL frisch abgeriebene Orangenschale
- ½ TL Meersalzflocken
- ¼ TL Cayennepfeffer
- Öl, zum Wälzen

Für den Überzug
- 1 EL rohes Kakaopulver
- 120 g Pistazien, gehackt

Die Datteln mit allen restlichen Zutaten außer dem Öl in den Standmixer geben. Auf der Pulsstufe verarbeiten, bis eine klebrige, geschmeidige Paste entstanden ist.

Die Paste zwischen leicht geölten Händen zu Bällchen rollen. Kakaopulver und Pistazien auf zwei Teller geben und die Bällchen rundum in einem von beiden wälzen. Die Trüffel halten in einem luftdichten Behälter im Kühlschrank bis zu 3 Wochen, tiefgefroren halten sie bis zu 2 Monate.

Schwarze-Bohnen-Brownies

Ergibt 20 Brownies

- 60 g gemahlene Chiasamen
- 350 g Kokospalmzucker
- 75 g Kokosöl und etwas Öl zum Einfetten der Form
- 60 g Kakaopulver
- 50 g Mandelmehl
- 1 TL aluminiumfreies Backpulver
- 1 TL Vanillepulver
- ¼ TL Meersalzflocken
- 200 g weiße Schokolade, klein gehackt
- 75 g Pistazien, geröstet und klein gehackt
- Karamell, zum Servieren (Seite 204)

Für die Bohnenpaste
- 2 Dosen gekochte schwarze Bohnen (à 400 g) oder 200 g schwarze Trockenbohnen
- 1 Kombu-Algen-Streifen oder ½ TL Backnatron (nach Belieben)

Als wir vor vielen Jahren das erste Mal Bohnenkuchen probierten, waren wir total überrascht davon, dass die Hauptzutat Bohnen sind. Bohnen werden in Asien traditionell für viele Süßspeisen verwendet. Meist sind das Adzukibohnen, doch hier verwenden wir schwarze Bohnen. Wenn Sie keine Stückchen in den Brownies wünschen, pürieren Sie die Bohnen zur Paste. Ansonsten verwenden Sie die ganzen Bohnen.

Die Bohnenpaste mit Dosenbohnen oder selbst gekochten Bohnen herstellen.

Falls Sie rohe Bohnen verwenden, diese spülen und mit der Kombu-Alge oder Backnatron in einer Schüssel mit 1 Liter Wasser bedecken. Über Nacht einweichen. Am nächsten Tag die Bohnen abgießen und das Einweichwasser entsorgen. Die Bohnen in einem großen Topf bis 2 cm mit Wasser bedecken. Aufkochen, dann die Hitze reduzieren und 1 ½ Stunden kochen, bis die Bohnen weich sind und sich mit den Fingern zerdrücken lassen. Den Herd abschalten und abkühlen lassen.

Die Bohnen durch ein Sieb drücken, um die Schalen von der Paste zu trennen. Das Rezept ergibt ungefähr 250 g Bohnenpaste.

Den Ofen auf 175 °C (Umluft 155 °C) vorheizen und eine Backform (20 x 20 cm) einfetten.

Die gemahlenen Chiasamen in eine Schüssel geben und mit 150 ml Wasser zur Paste verrühren. Die Bohnenpaste im Standmixer klumpenfrei pürieren. Die restlichen Zutaten außer Schokolade und Pistazien einfüllen und alles zu einer cremigen Paste verarbeiten. Die Schokolade und die Pistazien kurz einarbeiten. Die Masse in die Backform füllen und 50–60 Minuten backen.

Mit Karamell verziert sofort servieren oder bis zum Verzehr im Kühlschrank aufbewahren.

Tipp: Einweichen mit der Kombu-Alge oder mit Backnatron macht die Bohnen leichter verdaulich. Den Kombu-Streifen können Sie danach für die spätere Wiederverwendung trocknen.

Erdbeereis

Für 4–6 Personen

- 3 tiefgeforene Bananen
- 500 g tiefgefrorene Erdbeeren
- 2 EL Zitronensaft
- natürliches Süßungsmittel
  (nach Belieben)

Es ist immer praktisch, gefrorene Bananen im Gefrierfach zu haben, da sich daraus in nur wenigen Minuten Eiscreme herstellen lässt. Sie machen das Eis cremig und sind sehr süß, sodass man eigentlich kein anderes Süßungsmittel braucht. Sie können nur die Bananen verarbeiten, doch etwas Kakaopulver oder Vanille ergeben ebenfalls ein wunderbares unkompliziertes Eis. Verwenden Sie jegliches gefrorenes Obst, ganz nach Belieben.

Alle Zutaten in der Küchenmaschine mit Messereinsatz cremig pürieren – fertig ist die Eiscreme.

Vanilleeis

Für 4–6 Personen

- 250 g Cashewkerne
- 350 ml Mandelmilch
- 100 g Kokospalmzucker
- 1 TL Vanillepulver
- ¼ TL Meersalzflocken

Bei diesem Rezept können Sie das Süßungsmittel Ihrer Wahl einsetzen. Als Extra eignen sich Raspelschokolade, Karamell, aber auch Obst. Sie können sogar 1 Teelöffel Maca- oder Lucuma-Pulver oder Bienenpollen unterrühren, wenn Sie wollen.

Die Cashewkerne in einer Schüssel mit Wasser bedecken und 2–4 Stunden oder über Nacht einweichen. Abgießen und das Wasser entsorgen.

Die Cashewkerne im Standmixer oder mit dem Messereinsatz in der Küchenmaschine mit allen restlichen Zutaten cremig pürieren oder zerkleinern. Im Standmixer wird die Mischung sehr glatt und klumpenfrei, in der Küchenmaschine etwas stückiger. Die Mischung in eine Eismaschine füllen und nach Anleitung weiterverarbeiten. Wenn Sie dieses praktische Gerät nicht besitzen, die Eismasse in eine Kastenform (23 x 12 cm) geben und diese einfrieren. Die Form 1–2-mal herausnehmen und das Eis umrühren, damit sich die Zutaten nicht trennen. Dann die Eiscreme in einen Gefrierbehälter umfüllen und bis zum Servieren im Tiefkühlfach aufbewahren.

Ingwerbirnen

Für 4 Personen

- 250 ml Apfelsaft
- 5-cm-Stück frische Ingwerwurzel, geschält
- 5–10 grüne Kardamomkapseln
- 2–3 Sternanis
- 1–2 Zimtstangen
- 1 Vanilleschote (nach Belieben)
- 1 Biomandarine, geschält und quer in Scheiben geschnitten
- 4 Birnen, geschält, längs halbiert, Kerngehäuse ausgeschnitten
- Vanilleeis (Seite 214), zum Servieren (nach Belieben)

Diese Ingwerbirnen schmecken köstlich mit selbst gemachtem Vanilleeis.

Den Apfelsaft in einen Topf gießen. Ingwer, Kardamom, Sternanis, Zimtstangen und die Vanilleschote (falls verwendet) zugeben. Die Mischung aufkochen und mit einem Löffel die Mandarinenscheiben auf dem Topfboden verteilen. Die Birnenhälften daraufsetzen. Die Hitze reduzieren und die Birnen 20 Minuten im siedenden Saft garen.

Grüner Kuchen zum Dahinschmelzen

Für 10 Personen

Für den Kuchenboden
- 100 g Walnusskerne
- 60 g rohes Kakaopulver
- ¼ TL Meersalzflocken
- 200 g Medjool-Datteln, entsteint
- 120 g rohe Pistazienkerne, grob gehackt

Für die Füllung
- 150 g Cashewkerne
- 2 Avocados, geschält, entkernt und gewürfelt
- 1 Handvoll Spinat
- ¼ TL Chlorella-Algen
- 250 ml Mandelmilch
- 160 g Ahornsirup oder Kokosnektar
- 75 ml Limettensaft
- 1 EL Limettenschale
- 1 Prise Cayennepfeffer
- ½ TL gemahlener Kardamom
- ⅛ TL Meersalz

Zum Servieren
- Chlorella-Algen (nach Belieben)

Eine Springform (Ø 23 cm) mit Backpapier auslegen.

Für die Füllung die Cashewkerne in einer Schüssel mit Wasser übergießen und 2–4 Stunden oder über Nacht einweichen lassen. Abgießen und das Einweichwasser entsorgen.

Die Avocados mit den Cashewkernen und den restlichen Zutaten in den Standmixer füllen und etwa 30 Sekunden, oder bis die Masse cremig ist, pürieren.

Für den Kuchenboden die Walnusskerne mit Kakaopulver und Meersalzflocken im Hochleistungsstandmixer verarbeiten, bis die Nüsse fein gemahlen sind. Einzeln und bei langsam laufendem Motor die Datteln hinzugeben oder nach jeder Dattel die Pulstaste drücken. Die Mischung ist fertig, wenn sie zusammenhält. In eine Schüssel umfüllen und mit den gehackten Pistazien vermengen. In die Kuchenform drücken. Die Füllung daraufgießen, gleichmäßig auf dem Boden verteilen und den Kuchen bis zum Servieren kalt stellen oder einfrieren. Kurz vor dem Servieren mit den Chlorella-Algen bestreuen.

Schichttorte mit Schokomantel

 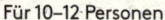

Für 10–12 Personen

Für die Tortenböden
- 450 g Pekannusskerne
- 2 EL Hanfsamen
- 80 g Rohkakaopulver
- 2 TL Vanillepulver
- 1 TL Cayennepfeffer
- 1 Prise Meersalz
- 20 Medjool-Datteln, entsteint und klein gehackt
- 3 EL Kokosöl

Für die Himbeermarmelade
- 500 g gefrorene Himbeeren
- 100 g Maulbeeren
- 3 EL Chiasamen
- 1 TL Vanillepulver
- 1 TL Cayennepfeffer
- 1 Prise Salz

Für die Bananenschicht
- 4 Bananen, geschält und in dünne Scheiben geschnitten

Für den Schoko-Überzug
- 400 g rohe Halbbitterschokolade, in Stückchen gebrochen
- 4 Avocados, geschält, entkernt und mit der Gabel zerdrückt

Zum Dekorieren
- Apfelblüten (nach Saison), ansonsten frische Beeren

Für das beste Ergebnis den Schokomantel erst vor dem Aufstreichen auf den Kuchen anrühren.

Für die Kuchenböden die Pekannusskerne mit Hanfsamen und Kakaopulver in den Standmixer füllen und auf der Pulsstufe zerkleinern, bis die Kerne grob gemahlen sind. Vanillepulver, Cayennepfeffer und Meersalz zugeben und auf der Pulsstufe einarbeiten. Bei laufendem Motor die Datteln einzeln einfüllen. Das Kokosöl ebenfalls auf der Pulsstufe unterarbeiten. Die Mischung sollte zusammenhalten, aber nicht zu klebrig sein.

Den Kuchenteig in 3 gleich große Portionen aufteilen. Mit den Fingerspitzen leicht und gleichmäßig dick in runde Formen (Ø 18 cm) drücken. In den Kühlschrank stellen und die Himbeermarmelade zubereiten.

Alle Zutaten für die Marmelade in den Standmixer füllen und auf der Pulsstufe grob zerkleinern und vermengen. Zum Zusammensetzen der Torte die gekühlten Böden aus den Formen lösen. Einen Boden auf einen Teller setzen und mit den Bananenscheiben belegen. Darauf eine Schicht Himbeermarmelade streichen und den nächsten Tortenboden daraufsetzen. Wieder Bananen und Himbeermarmelade darüber verteilen, den dritten Boden aufsetzen und die restlichen Zutaten auf die gleiche Weise verarbeiten.

Die Schichttorte vor dem Auftragen des Schokomantels 15 Minuten ins Tiefkühlfach stellen, da sich der Überzug am besten auf dem kalten Kuchen verteilen lässt. Die Schokolade sanft in einer Schale über Wasserdampf schmelzen. Achten Sie darauf, dass der Schüsselboden das Wasser nicht berührt. Dann die zerlassene Schokolade mit der Avocado im Standmixer cremig pürieren. Die Torte aus dem Tiefkühlfach holen und mit dem Guss überziehen. Mit Apfelblüten oder reichlich frischen Beeren dekorieren.

Himbeertarte

Für 10–12 Personen

- 150 g Mandeln
- 100 g Walnusskerne
- 350 g Medjool-Datteln, entsteint
- ½ TL Vanillepulver
- 2 EL geriebene Orangenschale

Für die Füllung
- 300 g rohe weiße Schokolade
- 50 g Kakaobutter
- 200 g Himbeeren
- 40 g gemahlene Chiasamen
- 2 EL Rote-Bete-Saft

Für die Himbeerschicht
- 250 g frische oder gefrorene Himbeeren

Für die Streusel
- 100 g getrocknete Maulbeeren
- 2 EL Kokospalmzucker

Diese köstliche Tarte kommt immer gut an. Sie können entweder eine große oder viele kleine Tartes in Muffingröße herstellen. Die große Version servieren Sie am besten sofort, da sie leicht aufweicht, wenn sie zu lang am Tisch steht. Die kleinen Tartes sind viel stabiler.

Für die Füllung Schokolade und Kakaobutter in einer hitzefesten Schüssel über einem Topf mit siedendem Wasser zerlassen. Beiseitestellen.

Eine Springform (Ø 23 cm) mit Backpapier auslegen.

Die Mandel- und Walnusskerne klein hacken und in der Küchenmaschine grob mahlen. Datteln und Vanille zugeben und alles zu einem klebrigen Teig verarbeiten. Die Orangenschale hinzugeben und 2–3-mal die Pulstaste betätigen, um die Schale einzuarbeiten. Den Teig mit den Fingerspitzen gleichmäßig dick in den Backformboden drücken. Ins Tiefkühlfach stellen.

Alle Zutaten für die Füllung in den Standmixer geben und cremig pürieren.

Zum Fertigstellen die Himbeeren auf dem Tarte-Boden verteilen und die Füllung darübergießen, sodass sie bedeckt sind. Die Tarte 3–4 Stunden tiefkühlen oder über Nacht in den Kühlschrank stellen, bis die Füllung fest ist.

Vor dem Servieren die Streuselzutaten in die Küchenmaschine mit Messereinsatz füllen und zerkleinern, bis sie fast wie feines Mehl erscheinen. Über die feste Tarte-Füllung streuen.

Tipp: Wenn Sie kein reiner Rohköstler sind, können Sie der Tarte noch eine nussige Note geben, indem Sie die Mandeln und Walnusskerne in einer Pfanne bei mittlerer Hitze 3–4 Minuten ohne Öl rösten, bis sie goldbraun sind. Die Nüsse dabei gut beobachten, da sie leicht anbrennen. Vom Herd nehmen und vor dem Zerhacken etwas abkühlen lassen.

Käsekuchen mit Heidelbeeren

Für 10–12 Personen

Für die Füllung
- 450 g Cashewkerne
- 250 g Ahornsirup
- 4 EL Zitronensaft
- 2 TL Vanillepulver
- 2 TL Probiotika-Pulver
- ⅛ TL Meersalz
- 160 g Kokosöl
- 2 EL gemahlene Chiasamen

Für den Boden
- 150 g Pekannusskerne
- 280 g getrocknete Maulbeeren
- 60 ml Kokosöl, erwärmt und flüssig
- 1 Prise Meersalz

Für den Belag
- 275 g Wildbeerenmarmelade (Seite 154)
- 150 g frische Heidelbeeren

Eine Springform (Ø 23 cm) mit Backpapier auslegen.

Für die Füllung die Cashewkerne in einer Schüssel mit Wasser übergießen und etwa 2 Stunden einweichen. Abgießen und das Einweichwasser entsorgen. Die Kerne beiseitestellen.

Für den Boden die Pekannusskerne, Maulbeeren, das Öl und Salz in den Standmixer geben und zerkleinern, bis die Zutaten zusammenhalten, aber nur grob vermahlen sind. Die Mischung mit den Fingerspitzen gleichmäßig dick in den Kuchenformboden drücken.

Für die Füllung die Cashewkerne mit Ahornsirup, Zitronensaft, Vanille, Probiotika-Pulver und Salz in einen Standmixer oder in die Küchenmaschine mit Messereinsatz geben und vermahlen. Das Kokosöl und die Chiasamen zugeben und kurz einarbeiten. Die Mischung auf den Boden gießen und über Nacht in den Kühlschrank oder für 3–4 Stunden ins Gefrierfach stellen, bis die Füllung fest ist. Zuletzt mit einer Lage Wildbeermarmelade bestreichen, die Heidelbeeren daraufsetzen und servieren.

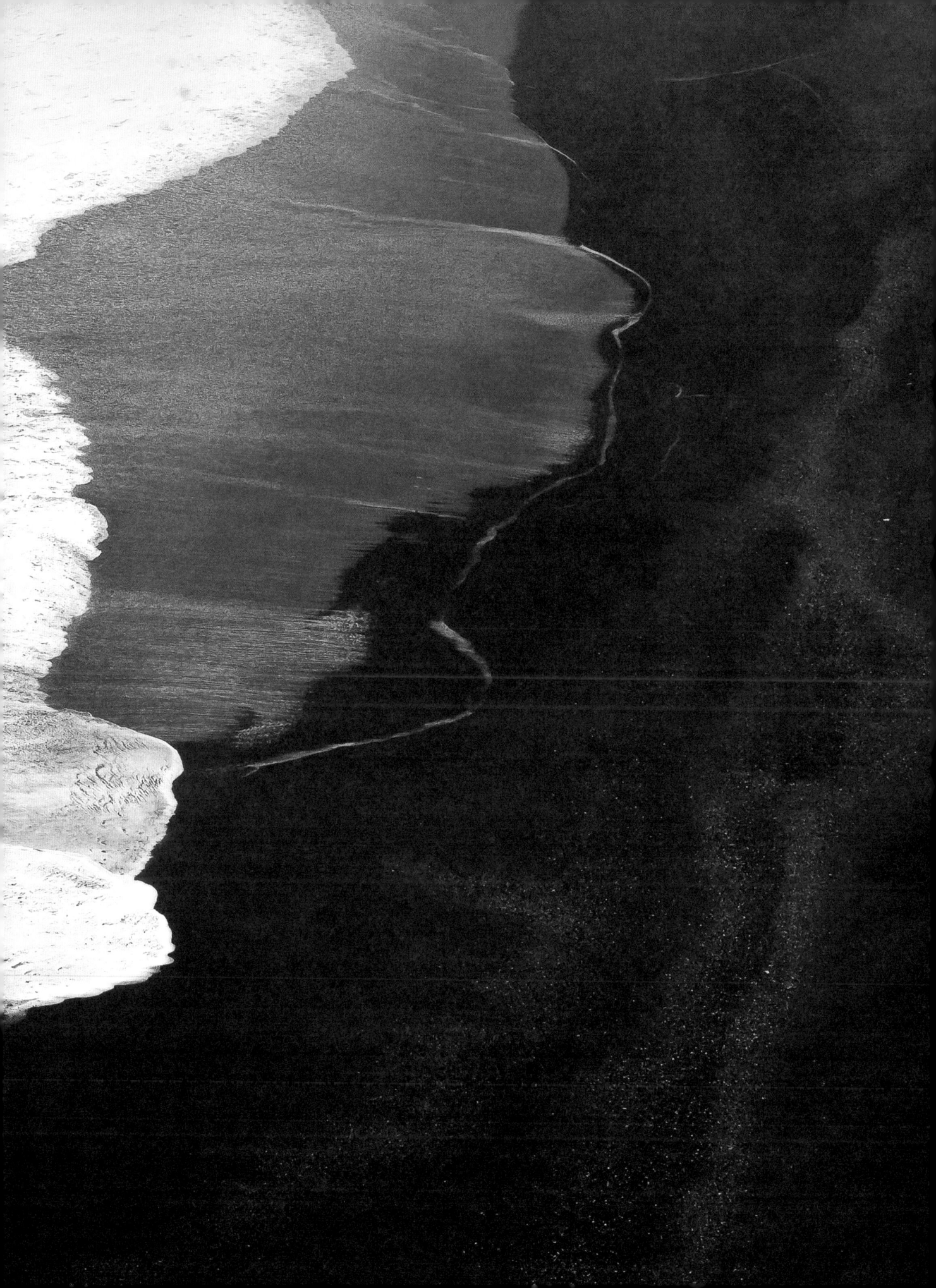

Zutaten und Zubehör

ACAIBEEREN-PULVER
Acaibeeren sind die Früchte der Acaipalme. In deren zentral- und südamerikanischen Heimat sind sie wegen ihres Ernährungswerts hoch angesehen. Das dunkelpurpurne Pulver aus den getrockneten und gemahlenen Beeren hat einen sehr fruchtigen, leicht schokoladigen Geschmack. Es ist reich an Antioxidantien und Vitaminen sowie an essenziellen Omega-Fettsäuren.

ADZUKIBOHNEN
Wie fast alle Bohnen sind Adzukibohnen ein sehr eiweiß- und ballaststoffreicher Genuss. Es sind jedoch ihre unverwechselbare Süße und Farbe, die sie so wertvoll machen, insbesondere in Japan. Die Kerne sind etwa halb so groß wie Kidneybohnen und werden ganz sowie als Paste verwendet. Wie die meisten Trockenbohnen müssen sie für den Gebrauch eingeweicht und gegart werden.

AGAVENDICKSAFT
Dieser süße Sirup aus den fleischigen Blättern der Agavenpflanze ist ein nützlicher veganer Honigersatz. Er ist süßer als Zucker, und man braucht daher weniger davon. Da er viel Fruktose enthält, sollte er jedoch maßvoll verzehrt werden.

ALUMINIUMFREIES BACKPULVER
Die meisten Backpulver haben eine Zweifachwirkung. Sie enthalten eine Säure, die mit dem basischen Anteil des Pulvers reagiert (Backnatron/Natriumhydrogencarbonat), damit Gasblasen entstehen, und ein Säuerungsmittel, das durch die Ofenhitze das Aufgehen nochmals verstärkt. Bei manchen Marken ist dies Natriumaluminiumsulfat oder -phosphat. Backwaren damit können metallisch schmecken, weshalb Sie ein aluminiumfreies Produkt bevorzugen sollten.

ASHWAGANDHA
Die Ashwagandha-Pflanze ist in Indien zu Hause und gehört zur selben Familie wie die Tomate. In der ayurvedischen Medizin wird das getrocknete Wurzelpulver als Heilkraut eingesetzt. Als „indischer Ginseng" soll sie energie- und immunitätsverbessernd wirken sowie Angst- und Unruhezustände, Stress und Schlafprobleme lindern.

BIENENPOLLEN
An Bienen, die zurück in den Stock fliegen, sieht man oft kleine gelbe Bällchen an den Hinterbeinen. Dies sind Pollen, die der Imker sammeln und trocknen kann. Dagegen gibt es ethische Bedenken, da dieses sehr nahrhafte Protein eigentlich für das Wachstum des Bienenvolks vorgesehen ist (zumindest von Bienenseite). Essen Sie keine Pollen, wenn Sie schwanger sind, stillen, sich vegan ernähren oder an Heuschnupfen leiden.

BUCHWEIZEN UND BUCHWEIZENSAMEN ZUM KEIMEN
Lassen Sie sich nicht von dem Namen in die Irre führen: Buchweizen ist kein Getreide. Die Samen sind komplett glutenfrei und stammen von einer Pflanze aus der Rhabarberfamilie. Ungeschroteter Buchweizen lässt sich leicht zum Keimen bringen. Die Sprossen kann man für Salate, Smoothies und zum Garnieren verwenden und sind in den Wintermonaten eine wertvolle Grüngemüsequelle. Aus getrocknetem Buchweizen entsteht ein gräuliches Mehl, das Weizenmehle gut ersetzen kann und besonders in Kombination mit gemahlenen Mandeln köstlich schmeckt.

CHAGAPILZ-PULVER
Chagapilz-Pulver riecht und schmeckt kaffeeähnlich und kann gut als koffeinfreier Kaffeeersatz

dienen, der noch dazu reich an Antioxidantien ist. Was seine Herkunft angeht, könnte es jedoch kaum unterschiedlicher sein. Der Chagapilz wächst in der nördlichen Hemisphäre, insbesondere auf Birken. Er wird getrocknet und dann zu dem gebrauchsfertigen Pulver vermahlen.

CHIASAMEN

Die Azteken liebten sie. Inzwischen werden die schwarzgrauen, mohnsamengroßen Körner auch bei uns gern in Rohkost- und Naturkostrezepten eingesetzt. Eingeweicht, quellen sie stark auf und sind so eine willkommene Andick- und Sättigungszutat. Durch Mahlen oder Zerdrücken werden die Samen für den Körper leichter verdaulich.

CHIPOTLE

Diese geräucherten Jalapeño-Chilischoten sind in der mexikanischen Küche beliebt und werden oft zu Chipotle-Paste verarbeitet. Man erntet sie reif, dunkelrot und bereits angetrocknet vom Busch und trocknet sie weiter, bis sie schwarzbraun und schrumpelig sind. Eingeweichte getrocknete und eingelegte Chipotles machen sich gut in Marinaden, zum Einreiben und für Salsasaucen. Ihr rundes Aroma ist nur mittelscharf.

CHLORELLA

Diese Mikroalgen sind extrem reich an Eiweiß, essenziellen Fettsäuren, Vitaminen und Mineralstoffen und ideal dafür, den Morgen-Smoothie aufzuwerten. Chlorella erhält man als Pulver oder leicht zerdrückbare Tabletten. Wie der Name impliziert, stecken Chlorella-Algen voller Chlorophyll – schließlich sind dies die Algen, die Seen grün färben – und sind wirksame Antioxidantien.

DINKELMEHL

Die Römer nannten es wegen seines Energiegehalts „Marschiergetreide", doch als Weizen leichter anzubauen wurde, blieb Dinkel auf der Strecke. Dinkel gehört zur Weizenfamilie – für Personen mit starker Weizenunverträglichkeit oder -allergie ist er nicht geeignet. Für andere ist er teilweise leichter verdaulich als Weizen. Die Hybride aus einem Weizenvorfahren und einer Grassorte schmeckt vollmundig, leicht sauer und roggenähnlich.

DÖRRAUTOMAT

Dieser Apparat zieht langsam das Wasser aus Lebensmitteln, wodurch sich ihr Geschmack konzentriert. Das Gerät ist sehr nützlich, um größeren Obstmengen Herr zu werden oder um angekeimte Nusssamen zu trocknen und Grünkohl-Chips, selbst gemachte Kräcker und Knuspermüsli herzustellen. Alternativ lässt sich auch der Backofen bei niedrigster Temperatur und Umluft zum Dörren einsetzen. Halten Sie dann die Ofentür zum Belüften mit einem Holzlöffel einen Spaltbreit offen.

DULSE (LAPPENTANG)

Diese Meeresrotalge schmeckt frisch und getrocknet, als Gemüsezutat oder als Snack für sich. Meeresalgen sind sehr nährstoffreich und etwas salzig und enthalten reichlich Spurenelemente und Eiweiß. Als natürlicher Geschmacksverstärker hat Dulse „Umami"-Wirkung und verstärkt andere Aromen in Suppen und Salatdressings.

EMMER

Emmer ist eine uralte Weizenart. Vor allem die italienische Küche verwendet ihn als herzhafte Alternative zu Reis und Pasta in Salaten, Suppen und Eintöpfen. Emmer ähnelt in Größe und Form Dinkel- und Gerstenkörnern. Sein Geschmack ist mild-nussig, und er behält auch gekocht seinen Biss. Als ganzes Korn ist Emmer vitamin- und ballaststoffreich und hält lange satt.

FLOHSAMENSCHALEN

Glutenfreie Mehlmischungen können Backwaren nicht die gleiche Elastizität und den gleichen Biss wie Weizenmehle geben, doch Flohsamenschalen können dies verbessern. Da sie die Flüssigkeit im Teig aufnehmen, werden sie gummiartig und elastisch. In Broten mit Backnatron oder Hefe dehnen sich die Schalen beim Backen, schließen dabei die CO_2-Gasblasen ein und tragen so zum Aufgehen bei. Flohsamenschalen sind als ballaststoffreiches Nahrungsergänzungsmittel in der Gesundheitsabteilung von Supermärkten zu finden.

GEMAHLENER KARDAMOM

Kardamom ist unverwechselbar süß und duftend und besonders in der Küche Indiens und in der skandinavischen Bäckerei beliebt. Er soll das Verdauungssystem anregen und beruhigen. Meist wird Kardamom als ganze, grüne Kapseln verkauft, die aufgebrochen werden müssen, um die kleinen braunen Samen zu enthüllen. Gemahlen, verlieren sie schnell an Aroma. Wenn Sie Kardamom gemahlen kaufen, sollten Sie besser nur eine kleine Packung nehmen und sie gut verschlossen, dunkel und kühl lagern.

GEMÜSEBOUILLON

Ein Gemüsebrühpulver, das direkt eingerührt werden kann oder mit kochendem Wasser zur Brühe wird. Ein hochwertiges Produkt bringt einen guten Grundgeschmack und wertet auch das Aroma der anderen Zutaten auf.

GLUTENFREIE MEHLMISCHUNG

Eine fertig zu kaufende Mischung aus weizenfreien Mehlen (für gewöhnlich Reis-, Kartoffel-, Buchweizenmehl und Maisstärke/Maismehl). Sie ist ein äußerst nützlicher Ersatz für reines Weizenmehl. Besonders Menschen mit Glutenunverträglichkeit profitieren davon. Immer mehr Menschen haben Probleme mit Mehl, essen aber gern „normales" Brot. Es gibt glutenfreie Brotmischungen aus sehr stark raffinierten Mehlen, aber auch solche aus Vollkornreis, Buchweizen, Chiasamen und gesünderen Zutaten als die älteren Marken am Markt.

GOJIBEEREN

Diese verschrumpelten orangeroten Beeren kannte man zunächst nur in der chinesischen Medizin. Heute gibt es sie in allen Naturkostläden und sogar in Supermärkten. Gojibeeren schmecken leicht süß und kräuterwürzig. Sie verleihen dem Tag einen antioxidativen Kick. Man gibt sie über das Frühstück, in Muffinteige und Joghurt, verbäckt sie in Knuspermüsli oder verwendet sie, in heißem Wasser eingeweicht, als Salatzutat.

HAFERMILCH

Haferflocken werden dafür in Wasser eingeweicht, abgetropft, gespült, dann mit Wasser zerkleinert, abgeseiht und nach Geschmack gesüßt – eine neutrale Alternative zu Milch, für Smoothies, in Getreidebrei und zum Backen. Da sie relativ dünn sein kann, sollten Sie ein Rezept wählen, das Cashewkerne mitverarbeitet, wenn Sie sich eine etwas sämigere Milch wünschen.

HANFSAMEN

Essbare Hanfsamen sind nicht mit ihren halluzinogenen Verwandten zu verwechseln. Sie enthalten reichlich essenzielle Fettsäuren und alle essenziellen Aminosäuren. Das macht sie ideal für eine fleischlose Ernährung. Samen mit Schale sind sehr knusprig und etwas schwer zu kauen, weshalb ich sie oft erst zerkleinere. Geschält, als sogenannte „Hanfherzen", sind sie weicher, aber nicht so lang haltbar und haben weniger Ballaststoffe. Aus den gepressten Samen entsteht Hanföl.

HARISSA-PASTE

Diese vollmundige, würzige Paste aus getrockneten Chilischoten, Öl, Knoblauch, Korianderkraut und anderen Gewürzen ist in der nordafrikanischen Küche weitverbreitet. Eine kleine Menge ist ausreichend. Verwenden Sie Harissa zum Einreiben oder Marinieren von Gemüse und Bohnen, oder rühren Sie einen Klecks unter Dips und Dressings, als scharfe Würznote.

HIRSE UND HIRSEFLOCKEN

Ich verwende diese kleinen, runden Körner gern als Alternative zu Reis oder Couscous oder für Porridge. Ihr Geschmack ist relativ neutral und lässt sich am besten durch Anrösten vor dem Einweichen oder Verbacken verbessern. Hirse war eine der ersten kultivierten Getreidesorten und ist auch heute weltweit ein wichtiges Grundnahrungsmittel.

JULIENNE-SCHNEIDER

Dieses praktische Gerät schneidet Gemüse in dünne, gerade Streifen von etwa 3 mm Breite, was viel schneller als Schneiden von Hand geht. Verwenden Sie den Schneider für Gemüse-„Spaghetti" anstelle eines Spiralschneider (Seite 234).

KAKAOBUTTER

Kakaobutter ist der Fettanteil der Kakaobohne, der nach Entfernen des Kakaoanteils übrig bleibt. Sie ersetzt Butter und andere Fette; besonders beim Schokoladeherstellen und in der Rohkostbäckerei ergibt sie köstliche Ergebnisse, mit tiefschokoladigem Aroma und Geruch. Kakaobutter schmilzt leicht und wird hart, wenn sie abkühlt.

KEIMGERÄT

Wenn Sie sich dafür begeistern, Samen- und Körner selbst zu keimen, kann sich die Anschaffung eines Keimgeräts lohnen. Es besteht aus stapelbaren perforierten Schalen. Durch die Löcher kann die Luft zirkulieren, sodass die Sprossenschichten nicht schimmeln oder zu nass werden.

KELPNUDELN

Eine gluten- und getreidefreie Alternative zum Üblichen. Die durchsichtigen Nudeln werden aus mineralstoffreichem Seetang hergestellt. Ähnlich wie Glas- oder Reisnudeln nehmen sie das Aroma ihrer Kochflüssigkeit auf. Manche Marken müssen nur kurz gespült werden und sind dann essfertig für Suppen und Salate, während andere vorgekocht oder eingeweicht werden müssen.

KOKOSBUTTER

Ein reichhaltiges, buttriges und sehr nussiges Produkt mit viel zerkleinertem Kokosfleisch für eine cremige Konsistenz. Kokosbutter ist nicht mit Kokosöl zu verwechseln, das verpackt bei Raumtemperatur ähnlich aussieht, aber nur aus Kokosfett besteht. Verwenden Sie Kokosbutter als Aufstrich, zum Andicken und Anreichern von Smoothies und für Tortenüberzüge und Süßwaren.

KOKOSNEKTAR

Dieser süße Saft wird aus den Blüten der Kokospalme gewonnen und braucht zur Geschmackskonzentration keine aufwendige Hitzebehandlung (im Gegensatz zu Ahornsirup und Agavendicksaft). Er bewahrt dadurch mehr Enzyme und Nährstoffe und ist für die Rohkosternährung geeignet. Der Nektar hat kein Kokosaroma, sondern schmeckt rundum süß, was ich in der Küche sehr schätze. Sein glykämischer Index und sein Fruktosegehalt sind niedrig, sodass er als Süßungsmittel die gesündere Wahl ist.

KOKOSPALMZUCKER

Kokospalmzucker ist zu Kristallen getrockneter Kokosnektar. Wie dieser hat er kein Kokosaroma, sondern eine leicht karamellige, blumige Süße, ähnlich der von hellem Rohrohrzucker. Der Zucker ist gut zum Backen geeignet.

KOKOSWASSER

Wenn man eine frische Kokosnuss schüttelt, hört man das Kokoswasser darin gluckern. Anders als Kokosmilch und -sahne, die durch Einweichen von Kokosfleisch entstehen (und oft viel Fett enthalten), ist Kokoswasser fettarm und erfrischend. Es hat eine gute Elektrolyt- und Kohlenhydratbalance, aber weniger Zucker als viele Energie- oder Sportgetränke. Kokoswasser schmeckt nussig und nur leicht süß und eignet sich zum Beispiel gut für Drinks, Suppen und Eiscreme.

KRÄHENBEEREN

Diese kleinen blauschwarzen Beeren sind vor allem in nordischen Ländern heimisch. Sie enthalten reichlich Vitamin C und Antioxidantien und wachsen in kälteren Klimaregionen, in denen andere Beeren und Früchte nicht gedeihen – sie sind eine willkommene Vitaminquelle. Krähenbeeren eignen sich zum Marmeladekochen und Backen, da sich ihr Aroma durch Erhitzen verbessert. Man kann sie durch Heidel- oder Brombeeren ersetzen.

LEINSAMEN UND LEINÖL

Die kleinen, flachen und glänzend braunen Lein- oder Flachssamen sind perfekt für Riegel, Brote und Knuspermüslis. Sie weisen eine der höchsten Konzentrationen an Omega-3-Fettsäuren in der Pflanzenwelt auf und sind daher ideal, wenn Sie keinen fetten Fisch essen. Leichter verdaulich und resorbierbar ist geschroteter Leinsamen. Diesen sollte man allerdings im Kühlschrank lagern und innerhalb 1 Woche verbrauchen. Das Öl ist sehr hitzeempfindlich und wird an der Luft schnell ranzig. Geöffnete Flaschen daher ebenfalls im Kühlschrank lagern.

LUCUMA-PULVER

Dieses natürliche Süßungsmittel war ein Favorit der Inkas und ist heute als Superfood berühmt. Das Pulver entsteht aus dem getrockneten gelben Fleisch der Lucuma-Frucht, die in ganz Südamerika wächst. Ich verwende es zum Süßen. Es schmeckt leicht malzig, erinnert an Ahornsirup und harmoniert besonders gut mit Schokolade.

MACA-PULVER

Eine weitere Lieblingszutat aus den Bergen Perus. Das Pulver wird aus der Maca-Wurzel, einem Mitglied der Rettichfamilie, gewonnen. Maca gilt als energiesteigernd, es soll das Immunsystem stärken, die Produktion von roten Blutkörperchen verbessern und sogar die Libido steigern. Da Maca das Hormongleichgewicht verändern kann, sollte die Verwendung zuvor mit dem Arzt oder dem Heilpraktiker abgeklärt werden.

MANDELMEHL

Mandelmehl entsteht aus sehr fein gemahlenen Mandeln, deren Ölanteil reduziert wurde. Es lässt sich selbst herstellen, indem man den Nussbrei aus der Mandelmilchgewinnung trocknet. Mandelmehl ist nicht zu verwechseln mit gemahlenen Mandeln, die deutlich gröber sind und mehr Öl sowie Feuchtigkeit enthalten.

MANDELMUS

Fein gemahlene geröstete Mandeln sind eine göttliche Alternative zu Erdnussbutter. Wir verwenden Mandelmus zum Binden von Pie-Teig und Backzutaten und um Dressings und Drinks zu bereichern. Am nährstoffreichsten ist Nussmus aus „aktivierten" Nüssen (siehe Nüsse einweichen, Seite 233), die vor dem Mahlen eingeweicht, angekeimt und wieder getrocknet wurden.

MATCHA-GRÜNTEE
Ein hochwertiger japanischer Grüntee, der zu feinem Pulver zermahlen wird. Matcha ist heute weltweit beliebt und wird in Kuchen verbacken, in Matcha-Latte verquirlt und als eigenständiges Gewürz ausgelobt. Wie andere Tees ist Matcha für seine Entgiftungseigenschaften gefragt. Allerdings enthält er viel Koffein und regt stark an.

MAULBEEREN
Es gibt viele verschiedene Maulbeersorten, die wild oder gezüchtet fast überall auf der Erde wachsen. Sie haben die Form länglicher Brombeeren und sind entweder rot, weiß oder schwarz. Die süßen Beeren schmecken köstlich in Marmeladen, Backwaren und Desserts. Falls Sie keine Maulbeeren bekommen, einfach Brombeeren verwenden.

MESQUITE-PULVER
Mesquite-Pulver entsteht aus den Schoten des Mesquite-Baums *(Prosopis)* und ist bekannt dafür, Grillgut eine süße Rauchnote zu geben. Es enthält viel Eiweiß, schmeckt süß-karamellig und hat einen niedrigen glykämischen Index. Besonders geeignet ist es zum Andicken und Anreichern von Drinks und Smoothies sowie als Mehlersatz.

MORINGA-PULVER
Ein Nahrungsergänzungsmittel aus den gemahlenen Blättern des Moringa-Baums. Es enthält viel Eiweiß, Vitamine und Eisen und kann unter Smoothies, Dressings und Pestos gerührt werden.

NÄHRHEFEFLOCKEN
Für die gelben Flocken wird Hefe zunächst auf Zuckerrohr kultiviert, dann gewaschen und getrocknet. Die Flocken haben ein starkes, parmesanähnliches Umami-Aroma und werden in der veganen Küche oft als Käse- oder Ei-Aroma eingesetzt. Nährhefeflocken enthalten viel Vitamin B, Folsäure und andere wertvolle Nährstoffe. Man streut sie roh über Gerichte oder verarbeitet sie in Saucen, Dressings, Eintöpfen, „Käse"-Aufstrichen und mehr. Nährhefe ist inaktiv, sodass Essen damit nicht schäumt oder aufgeht.

NATIVES OLIVENÖL EXTRA
Für hochwertiges Öl werden Oliven bei sehr niedrigen Temperaturen zerquetscht, was hilft, ihre gesundheitsfördernden Eigenschaften zu erhalten. Olivenöl enthält einen hohen Anteil an einfach ungesättigten Fettsäuren, die gesundheitsschützend wirken. Lagern Sie hochwertige Olivenöle an einem dunklen, kühlen Ort, da sie unter Hitze- und Lichteinwirkung schnell verderben.

NÜSSE EINWEICHEN
Das Einweichen von Nüssen in Salzwasser über Nacht nennt man auch Aktivieren. Der Vorgang regt die Keimung der Nuss an, was genau wie das Sprossenziehen bei Samen und Getreide ihren Nährstoffgehalt erhöht. Es reduziert auch den Gehalt von Phytinsäure in der rohen Nuss, die die Mineralstoffaufnahmefähigkeit im Körper hemmt.

NUSSMILCHBEUTEL
Beutel aus fein gewobenem Stoff, mit dem man bei der Herstellung von Nussmilch die Flüssigkeit vom Nussbrei trennt. Ich seihe damit auch Säfte ab und drücke Gemüse darin aus. Ersatzweise können Sie auch ein Stück Käseleinen (Musselin), ein Geleesieb oder ein beliebiges Stück weißen, sauberen Stoff verwenden. Den Stoff einfach in eine Schüssel legen und das Abseihgut hineingeben. Die Stoffenden zum Beutel zusammennehmen und fest zubinden. Den Beutel entweder aufhängen, ausdrücken oder in einem Sieb über einer großen Schüssel abtropfen lassen.

NUSSMUS
Ganze geröstete Nusskerne, zu einer cremigen oder leicht stückigen Paste verarbeitet, die sehr reich an Eiweiß, ungesättigten Fettsäuren, Antioxidantien, Vitaminen und Mineralstoffen ist. Siehe auch Mandelmus, Seite 232.

PHYTONÄHRSTOFFE
Wohltuende Nährstoffverbindungen in pflanzlichen Lebensmitteln; *phyto-* aus dem Altgriechischen bedeutet „Pflanze". Einige Phytonährstoffe kennen Sie wahrscheinlich bereits, wie etwa die Karotinoide in orangefarbenen Lebensmitteln. Phytonährstoffe sind nicht lebenswichtig, helfen dem Körper jedoch, gesund zu bleiben.

PROBIOTIKA-PULVER
Probiotika liefern eine gesunde Dosis guter Lebendbakterien für das Gleichgewicht des Verdauungssystems. Je besser die Darmflora, desto besser fühlt man sich. Ich verwende sie in Rezepten, die sonst Milchprodukte enthalten, und achte dabei auf aktive *Lactobacillus acidophilus*- und *Bifido*-Bakterien. Veganen Käsekuchen geben Probiotika einen herzhaften Quarkgeschmack.

PHYSALIS

Diese kirschgroßen und gelben Früchte, auch als Andenbeere oder Kapstachelbeere bekannt, wachsen in einem Blütenkelch heran, der an eine Papierlaterne erinnert. Mit ihrem süßsauren Geschmack geben frische Kapstachelbeeren Salaten und Salsas Farbe und Kick.

QUINOA

Dieses vielseitige Grundnahrungsmittel der Anden enthält alle neun essenziellen Aminosäuren und ist damit sehr eiweißreich. Dazu enthält es viele entzündungshemmende Phytonährstoffe, Vitamine, Mineralstoffe und Ballaststoffe. Die Körner köcheln oder einweichen, bis sie weich sind. Sowohl rote als auch weiße Quinoa ist leicht bitter; daher vor dem Kochen gründlich mit heißem Wasser abspülen. Quinoa ist glutenfrei.

RAS-EL-HANOUT

Diese klassische marokkanische Mischung enthält viele aromatische Gewürze, wie Zimt, Kreuzkümmel, Koriander, Gewürznelken, Pfeffer, Ingwer und sogar getrocknete Rosenblütenblätter.

REISHIPILZ-PULVER

Die tiefroten Reishi-Pilze sind eine weitere Grundzutat der chinesischen Medizin. Sie sollen entzündungshemmend wirken und viele Antioxidantien enthalten, durch die sie Wohlergehen und Langlebigkeit fördern. Am schmackhaftesten sind sie als Pulver, unter Getränke und Smoothies gerührt. Fragen Sie vor der Einnahme unbedingt Ihren Arzt, wenn Sie Blutdruck- oder Blutgerinnungsmedikamente einnehmen.

REJUVELAC

Angekeimtes Getreide, das richtig temperiert länger in frischem Wasser liegt, beginnt positiv zu fermentieren. „Gute" Bakterien produzieren Säuren, die wiederum das Wachstum schädlicher Bakterien hindern. Die entstandene Flüssigkeit – Rejuvelac – ist ein natürliches probiotisches Getränk zur Verdauungsverbesserung.

ROHE KAKAO-NIBS

Kakao-Nibs sind das Schokoherz der Kakaobohne. Nach dem Fermentieren, Trocknen und Rösten werden die Schale entfernt und die Kakao-Nibs freigelegt. Sie sind sehr knusprig, mit Bitterschokoladengeschmack. Ich mische sie für Biss und Geschmack unter Rohkostgebäck. Sie können auch fein gehackt, zerstoßen oder vermahlen für Heißgetränke eingesetzt werden und geben so veganen Rezepten ein vollmundiges Schoko-Aroma, ganz ohne Schokolade.

ROHES KAKAOPULVER

Es entsteht aus rohen Kakaobohnen, die an der Sonne getrocknet und dann kalt gepresst werden, um das Kakaofett vom Kakao zu trennen. Diese sanfte Verarbeitung erhält mehr Phytonährstoffe und Enzyme als bei normalem Kakaopulver, für das die Bohnen geröstet werden. Es schmeckt sehr intensiv nach Schokolade.

ROHSCHOKOLADE

Rohes Kakaopulver und rohe Kakaobutter werden hierfür vermengt und gesüßt. Rohschokoladenriegel werden meist mit Kokoszucker oder Lucuma-Pulver gesüßt und mit etwas Vanille aromatisiert.

ROTE-BETE-SAFT

Diesen rubinroten Saft können Sie im Bioladen kaufen, doch am gesündesten ist er frisch gepresst. Rote Bete enthält viel Eisen und Folat (die natürlich vorkommende Form der Folsäure). Studien haben gezeigt, dass ihr Nitratgehalt im Rahmen einer gesunden Ernährung zur Blutdrucksenkung beitragen kann. Verwenden Sie den Saft in Getränken wie der Rosa Limonade (Seite 119) und als natürliche Lebensmittelfarbe.

SAHNESPENDER

Sahnespender sind dichte Flaschen, die mit Lachgas (N_2O) aus speziellen Kapseln geladen werden und Sodaspendern ähneln. Die Sahne (oder jegliche andere Flüssigkeit, die dick genug ist, um Gasblasen zu halten) steht in der Flasche unter hohem Druck. Beim Herausschießen aus der Düse fällt dieser Druck stark ab, sodass das Gas sich in Blasen in der Flüssigkeit ausbreiten kann – und die Sahne kommt als Schaum heraus. Sahnespender gibt es im Küchenfachhandel.

SAMBAL OELEK

Eine sehr scharfe, rohe Chilisauce aus der indonesischen Küche. Sie ist stückig, mit deutlich sichtbaren Chilisamen und enthält oft Salz und Limetten- oder Zitronensaft. Sambal heißt „Sauce", und Oelek bezieht sich auf den Mörser, in dem die Zutaten traditionell zerstoßen werden. Verwenden Sie Sambal Oelek, wenn viel Schärfe gefragt ist, oder als Ersatz für Chilischoten.

SAUERTEIGSTARTER

Starterteig selbst herzustellen dauert etwa 1 Woche. Dafür gleiche Teile Dinkelmehl und Wasser in einem Schraubglas verrühren, locker abdecken und 12 Stunden an einem warmen Ort lagern. Dann alle 12 Stunden, wie auf Seite 118 beschrieben, mit 100 ml Wasser und 60 g Mehl füttern. Am dritten Tag die Hälfte des Starters entsorgen und den Rest wie gewohnt füttern. Alle 12 Stunden wiederholen. Wenn der Starter nach dem Füttern zu schäumen beginnt und erkennbar wächst, ist er gebrauchsfertig. Je nach Temperatur und Mehlqualität passiert dies nach 5–7 Tagen.

SHATAVARI

Dieser aus dem Ayurveda bekannte Wurzelextrakt soll besonders für Frauen wohltuend wirken, indem er mit natürlichen Phytohormonen das hormonelle Gleichgewicht fördert.

SKYR

Skyr ist ein traditionelles isländisches Milchprodukt, vergleichbar mit sehr dickem Joghurt. Die Milch, normalerweise von Kuh oder Schaf, wird mit Bakterienkulturen und oft mit Lab gestockt. Anschließend wird der Bruch gesiebt.

SPIRALSCHNEIDER

Ein Küchenutensil, das mit einer kleinen, scharfen Klinge schnell lange Spiralstreifen schneidet. Ein Julienne-Schneider arbeitet ökonomischer und schneidet noch feinere Streifen.

STEVIA

Stevia ist ein Süßungsmittel, das aus den Blättern des Süßkrauts extrahiert wird. Es ist zwar immer noch industriell hergestellt, hat aber einen natürlichen Ursprung. Stevia ist sehr viel süßer als Zucker. Es gibt das Süßungsmittel als Granulat oder flüssig, und sogar in Bonbons mit Geschmack.

SUPERFOOD

Es gibt keine strenge Definition für Superfoods, doch zweifelsohne sind manche Lebensmittel, wie Knoblauch, Heidelbeeren und Quinoa, „super", weil sie extrem viele Antioxidantien, Phytonährstoffe oder gesunde Fette (oder eine Kombination daraus) besitzen, die das Immunsystem und die Gesundheit unterstützen. Doch auch Superfoods sind keine Wunderwaffen. Wichtig ist es, Obst und Gemüse in großer Vielfalt im Rahmen einer gesunden, ausgewogenen Ernährung zu genießen.

TAMARI

Tamari ist eine (fast immer) glutenfreie Sojasauce aus Japan (die Marken unterscheiden sich). Als traditionelles Nebenprodukt der Misopasten-Herstellung ist Tamari etwas vollmundiger und süßer als normale Sojasauce, weniger salzig sowie geschmacklich ausgeglichener.

TAMARINDENPASTE

Eine ungewöhnlich saure Paste, die vielen asiatischen, indischen und mexikanischen Rezepten ein leicht herbes Aroma gibt. Sie wird aus dem klebrigen Fruchtbrei im Inneren der braunen Schoten hergestellt, die wie lange Bohnen an den Tamarindenbäumen hängen, während sie in der Tropenhitze reifen. Geöffnete Gläser oder Tuben im Kühlschrank aufbewahren. Tamarinde wirkt reinigend auf die Verdauung.

VANILLEPULVER

Dafür werden Vanilleschoten bei niedriger Temperatur getrocknet und fein vermahlen. Ich verwende es statt dem stärker verarbeiteten flüssigen Vanilleextrakt. Es gibt Frühstücksrezepten, Desserts und Getränken ein kräftiges Vanillearoma und natürliche Süße.

WEIZENGRASPULVER

Bei Weizengras handelt es sich um die jungen Schösslinge der Weizenpflanze. Da weder Blätter noch Saft einen Körneranteil haben, ist beides glutenfrei. Die Blätter haben einen hohen Gehalt an Chlorophyll, Antioxidantien, Vitaminen und Mineralstoffen. Nach dem Trocknen werden sie zu Pulver vermahlen. Eine schnelle Bereicherung für Frühstücks-Smoothies und -Shakes.

ZATAR

Diese delikate Mischung aus Sumach, getrocknetem Thymian, Sesamsaat und Salz würzt viele Gerichte des Nahen Ostens. Manche Zubereitungen enthalten auch Kreuzkümmel und getrockneten Oregano. Wegen des zitronig-scharfen Sumachs schmeckt Zatar säuerlich pikant.

ZWIEBELPULVER

Hierbei handelt es sich um dehydrierte, körnig gemahlene Zwiebel. Der Geschmack ist würzig, gibt Burgermischungen, Dressings und Dips Tiefe und schmeckt gut über Snacks. Wenn Sie einen Dörrautomaten besitzen, können Sie es ganz leicht selbst herstellen.

Hinweise zu den Rezepten

Wenn nicht anders angegeben, sind Gemüse und Früchte wie Zwiebeln und Äpfel mittelgroß, und alle Kräuter sind frisch.

Die Koch-, Back- und Dörrzeiten sind lediglich Richtwerte, da jeder Ofen und Dörrautomat anders arbeitet. Die Backzeiten für Umluftherde sind in Klammern angegeben.

Bei hohen Temperaturen oder dem Einsatz von offenem Feuer besondere Vorsicht walten lassen.

Suchen Sie Ihren Arzt auf, bevor Sie Ihre Ernährung umstellen, insbesondere wenn Sie an Krankheiten leiden oder schwanger sind.

Manche nussfreie Rezepte enthalten Kokosnuss, Kokosnussprodukte und/oder Pinienkerne. Botanisch zählen Kokosnüsse zu den Steinfrüchten, die braune, faserhaltige Kokosnuss ist ihr Samen. Pinienkerne sind ebenfalls Samen und können daher auch für Personen mit Baumnussallergie verträglich sein. Manche Menschen sind auf diese Lebensmittel jedoch ohne Nussallergie allergisch, wie auch manche Baumnussallergiker auf Kokosnüsse und Pinienkerne allergisch reagieren können. Wenn Sie also wegen Nussallergie in Behandlung sind, sollten Sie bei diesen Lebensmitteln besser Vorsicht walten lassen und im Zweifel lieber den Arzt konsultieren.

Manche Rezepte enthalten Bienenpollen. Schwangere und stillende Frauen sowie Menschen mit Pollenallergie sollten darauf verzichten.

Manche Rezepte enthalten rohe oder nur leicht gegarte Eier und fermentierte Produkte. Ältere Menschen, Kinder, Schwangere, Genesende und alle Menschen, deren Immunsystem schwach ist, sollten hierauf verzichten.

Bei der Herstellung fermentierter Lebensmittel ist darauf zu achten, dass alles verwendete Geschirr makellos sauber ist. Fragen Sie einen Experten um Rat, wenn Sie sich unsicher sind.

Wo für Öle, Salz und Kräuter keine Angaben gemacht sind, entscheiden Sie nach Geschmack.

Alle Kräuter, Schösslinge, Blüten, Beeren und Blätter sollten frisch aus sauberen Quellen geerntet werden. Besonders beim Wildsammeln ist Vorsicht geboten. Wild gesammelte Zutaten sollten immer erst dann verzehrt werden, wenn ein Experte sie für sicher erklärt hat.

Alle Löffelangaben beziehen sich auf gestrichene Maße, wenn nicht anders angegeben. 1 TL = 5 ml; 1 EL = 15 ml.

Register

SOLLA EIRÍKSDÓTTIR ist in Island als Botschafterin für einen vegetarischen Lebensstil bekannt und setzt sich seit jeher leidenschaftlich für den ökologischen Landbau und die Verwendung von Biolebensmitteln ein. Vor 20 Jahren eröffnete sie ihr erstes vegetarisches Restaurant. Heute betreibt sie fünf erfolgreiche Restaurants und einen Biomarkt. Sie entwickelte ihre eigene Biolebensmittelmarke, Himneskt, die in Lebensmittelläden und Supermärkten in ganz Island verkauft wird. Solla veröffentlichte bereits fünf eigene Kochbücher und einige weitere als Koautorin, schreibt Artikel über biologische Ernährung und gibt TV-Kochkurse zu vegetarischem Essen. Dazu hält Solla regelmäßig Seminare über Rohkost. Sie ist eine enthusiastische Verfechterin eines ökologischen, nachhaltigen Lebensstils und trug dazu bei, sowohl den Vegetarismus wie Biolebensmittel in Island bekannter und besser verfügbar zu machen. Schon zweimal wurde Solla im International Best of Raw-Wettbewerb zur „Best RAW Gourmet-Köchin" für ihre Rohkost-Cuisine und zur „Best RAW Simple Chef" für ihre Rohkost-Alltagsküche gewählt. Als überzeugende, dynamische Rednerin gibt Solla jährlich Kochvorführungen auf der The Longevity Now Conference in Los Angeles.

HILDUR ÁRSÆLSDÓTTIR ist Sollas älteste Tochter. Hildur ist Violinistin und spielt wie ihr Urgroßvater die Singende Säge. Mit ihrem Ensemble Amiina bereiste Hildur die ganze Welt. Sie erbte von ihrer Familie den Enthusiasmus für eine gesunde, biologische Lebensweise und machte 2013 ihren Bachelor für Ernährungswissenschaften an der Universität von Island. Zukünftig will sie dieses Themenfeld weiter wissenschaftlich vertiefen. Solla und Hildur verbringen gern zusammen Zeit in ihrer Küche und dem Gemüsegarten. Gemeinsam ist ihnen auch Ihr Engagement für den Umweltschutz. Sie inspirieren sich gegenseitig, neue Wege für einen umweltfreundlicheren Lebensstil zu gehen.

Edel Books
Ein Verlag der Edel Germany GmbH

Deutsche Erstausgabe 2017
Edel Germany GmbH, Neumühlen 17,
22763 Hamburg
www.edel.com

Titel der Originalausgabe:
RAW – Recipes for a modern vegetarian lifestyle
©2016 Phaidon Press Limited

Diese Ausgabe erscheint bei der Edel Germany GmbH, Deutschland, als Lizenzausgabe von Phaidon Press Limited
Regent's Wharf
All Saints Street
London N1 9PA

Phaidon Press Inc.
65 Bleecker Street
New York, NY 10012
phaidon.com

First published 2016
© 2016 Phaidon Press Limited
ISBN 978 0 7148 7114 1

Original title: *RAW – Recipes for a modern vegetarian lifestyle*
© Phaidon Press Limited
This edition is published by Edel Germany GmbH under licence from Phaidon Press Limited, Regent's Wharf, All Saints Street, London, N1 9PA, UK.
© 2016 Phaidon Press Limited.

All rights reserved. No part of this publication may be reproduced, stored in a retrieval system or transmitted, in any form or by any means, electronic, mechanical, photocopying, recording or otherwise, without the prior written permission of Phaidon Press Limited.

Designed by Studio Otamendi
Photography by Simon Bajada

Projektkoordination der deutschen Ausgabe:
Julia Sommer
Übersetzung: Martina Walter
Satz und Redaktion der deutschen Ausgabe:
Corinna Nikolaus, bookwise medienproduktion GmbH, München
Coveradaption: Groothuis, Gesellschaft für Ideen und Passionen

Der Verleger dankt Theresa Bebbington, Jane Hornby, Isobel McLean, Kathy Steer und Lauren Utvich für ihre Beiträge zu diesem Buch.

Printed in China

ISBN 978-3-94429-727-9